这样的员工，马云爱

李振文◎著

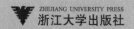
ZHEJIANG UNIVERSITY PRESS
浙江大学出版社

目 录

做对了,每个人都能成才

　　23 岁的严清最近被一个问题深深地困扰着。他刚刚应聘去了一家网络公司,但是在上班之后就连续遭遇了多重打击:办公室的环境让他觉得很不适应;他向老板写了封建议书却没有得到任何回应;老员工们也不怎么愿意搭理他;更让他觉得郁闷的是,最近自己还搞砸了几件事……从小到大,严清都是优秀的,但是进入职场后遭遇的重重打击让严清开始怀疑:自己到底是不是一个合格的人才呢?

　　严清的问题也是许多新员工的问题。初入职场,怎样才能顺利心态顺利转型? 怎样成为老板心目中的人才? 怎样的管理者才是出色的管理者? 员工入职首先要做什么? 接着要避免什么? 该坚持些什么? 又必须放弃些什么? 什么话可以说? 什么意见不能提? ……针对新员工的困惑,马云提出了自己的看法:

人才，就是把事儿做成的人。

来公司先看，少发言。观察一切你感兴趣的人和事。从看和观察中学习了解。当然最好带欣赏和好奇的态度去看。

问自己信不信这家公司的人、使命、价值观，信不信他的未来。假如不信，选择离开，离开不适合自己的公司是对自己和别人最负责的态度。

思考自己留在这个公司里，团队和工作有我和没有我，有什么区别？我到底该如何做一个优秀的员工？我们欣赏想当将军的士兵，但我坚信一个当不好士兵的人很难成为优秀的将军。

懂道理的人很多，但能坚持按道理办事的人太少。行动是真正说明思想的。行动也是要有结果的。我们是为努力鼓掌，但为结果付费的公司。

有些发泄性的批判，除了让人不高兴外，其他意义不大。我们期待的是分享性批判。

Judge 一个人是不是优秀，不要看他是不是 Harvard（哈佛），是不是 Stanford（斯坦福），而要 judge 这帮人干活是不是发疯一样干，看他每天下班是不是笑眯眯地回家。

你是不是一个人才，不是看你的智商，也不是看你来自哪里，而是看你是不是有梦想，是不是有目标，是不是有做事的能力，是不是有团队的精神……

这是来自电子商务领袖马云的忠告。马云，一个白手起家的企业家，一不懂网络，二不善销售，却将一个电子商务平台做到了全球领先的位置。他靠的正是一帮来自于平凡人的平凡人才。现在这些人都已经成为了阿里巴巴的股东和中流砥柱。事实证明，即使是平凡人也能成就一番不平凡的事业。

年轻人初入职场，不如意是肯定会有的，挫折也是不可避免的。怎样从学习生涯向职业生涯过渡？怎样避开障碍？哪些是新员工的大忌？怎样成为真正的人才？……年轻人可能遇到的诸多问题都会在本书中得到解答。

翻开书的这一刻，你的人生已经开始发生变化。

第一章 人才观：
人才就是把事儿
做成的人

天生我材必有用，我不相信有一流的人才，我
只相信有一流的努力。

——马云

第一节　人才,就是把事儿做成的人

> 很多企业用人,先看应聘者的学历和职称,如果这些不达标,即使是有显赫的业绩和通天的本事都不能被录用,更不能被称为人才。但是,这种观点在马云的面前发生了逆转。他说:"是不是人才,关键是看一个员工做什么,怎么做,成绩如何。"人才是什么?就是能够把事儿做成的人。

马云说:"男人的相貌和才能是成反比的。"

闻者无不讪笑。

2000 年 7 月,美国《福布斯》杂志上出现了第一位中国大陆企业家的面孔,这个人,就是马云。

当年的《福布斯》杂志在正文中这样介绍马云:"他有着深凹的颧骨、卷曲的头发,淘气微笑的时候牙齿都会露出来,身高 5 英尺,体重 100 磅,整个一顽童模样。这个长相怪异的人有着拿破仑一样的身材,更有拿破仑一样的伟大志向!"

而在此时,世人再次提及马云的容貌与才干,不得不默认了这个顶着其貌不扬面孔的小个子男人的确是个有才华的人。

时间来到十一年之后,马云的事业版图再度扩大,他成为国际电子商务的领头人。在当年的《福布斯》封面上,再次出现了马云的面孔。随之而起的是又一股马云热潮,人们不得不再次将注意力从马云的外貌转移到他的才能上,大家纷纷称赞马云是个人才、是个奇才,甚至是个"神",罩在马云头上的光环越来越大。那么马云是怎么评价自己的呢? 他是不是真的像外界所说的那样,是个天才、奇才,甚至是个千年难得一遇的神才呢?

其实在马云自己的心目中,他不过是一个中等偏上的人,只不过恰好他又是个能做事、一个敢于把自己的梦想变成现实的人,所以他成功了。2003 年,马云在接受《财富人生》节目的访问中说:"我特别喜欢那种中等偏上的毕业生,因为读书好的前三名,往往特别能读书,未必能做事,他出了社会以后,还是想做前三名,那很难。特别差的也不行……"

为什么要是中等偏上呢? 多年的经历和观察让他发现这样的一个现象——中等偏上的人,往往智商不错,同时也是有实干精神的人。——这大约也是马云从自己身上得到的结论。

小时候的马云头脑并不聪明,数学成绩尤其差,最差劲的一次考试只得了一分。但是好在英语成绩比较好。所以他最终考上了大学,后来还成了一名大学老师。1991 年,马云和几个朋友成立了海博翻译社,结果第一个月就做了赔本的生意,房租 1500 元,但是收入只有 600 元。大家都动摇了,这么下去白费力气不说,还得贴钱进去,这个翻译社看来是不能开了。亲戚朋友们都劝他,让他"回头是岸",他已经成家立室,有工作,有房子,干嘛要自讨苦吃呢?

但是马云不信邪,他觉得翻译的市场很大,只要做下去,一定可以做成一门事业,而困难,只是暂时的。为了让翻译社继续运转下去,马云一个人背着大麻袋去了义乌,在义乌批发了小礼品、小工艺品,返回杭州倒卖……那时候的马云,整天混在一帮小贩中间为赚钱卖力吆喝,根本不会有人想到他竟然会是一名大学里的优秀教师。更离谱的是,马云的海博翻译社在一夜之间变成了一间杂货铺,到处摆放着他捣鼓来的小商品,马云堂而皇之地做起了生意。为了挣钱,马云没少遭人白眼,但是他依然很快乐地做他的生意,并用赚来的钱支撑海博翻译社。

正是靠着这股拼劲儿,在 1994 年的时候,海博翻译社终于达到了收支平衡。1995 年,海博翻译社实现了盈利。现如今,海博已经成了杭州最大的翻译社。后来海博翻译社社长张红回忆说:"那时我们杭州没有翻译社,我们是第一家独立存在的公司,大家都不看好,而且一开始也不赚钱,但马云坚持了下来,没有放弃。所以,我很佩服马云,他说的话会让你振奋,没有希望的东西在他看来也充满生机,他能带给他身边的人更多的激情。"

把不可能的事变成可能,马云用自己的亲身经历证明了行动的重要性。所谓人才,不应该是被证书包装起来的,也不应该是口若悬河地夸出来的,更不应该是一个又一个所谓创意堆砌起来的。真正的人才,应该是敢于把梦想交付现实,并用行动加以实现的人。

一个想要成功的人，首先应该是一个敢于做事、且能成事的人——这也是作为人才首先应该具备也是必须具备的条件。新员工入职，以下几点很重要：

1. 心中有梦，并且这个梦可行，那就倾尽全力去实现它。即使百转千回，即使历经磨难，都不放弃，直至成功。

2. 学历或许可以帮助你顺利进入某个大企业，但是在进入之后，老板看的还是你的表现，如果不能踏踏实实做事情，什么事都做不成，你的前途自然也就越走越暗。

3. 做事儿，不仅是对上司、对老板、对客户负责，更是对自己负责，一个踏实做事儿的人永远不会有徘徊犹豫的痛苦，他的未来永远是充满了阳光。

正如马云所说，判断一个员工是不是人才，关键是看他做什么，怎么做，成绩如何。做出成绩来，他就是人才。马云又说，所谓人才，就是你交给他一件事情，他做成了；你再交给他一件事情，他又做成了。现在的你不妨问问自己——我，是不是一个人才呢？

第二节　**装在拖拉机上的飞机引擎不是好引擎**

> 没有人是无所不能的,只要是人,就总有自己
> 擅长和不擅长的方面。求职应聘,最好的局面不是
> 找到一家最好的企业,而是找到一个与自己相匹配
> 的平台,这无论对企业还是对个人来说,都是一个
> 极好的局面。

　　2000 年,马云从投资者那里募集到了 500 万美元,有了这些
钱,他就想着要找一些真正的人才去做大阿里巴巴,所以便花大价
钱从国外请来了一些 MBA 和跨国公司的副总裁。在他的观念中,
那些同甘共苦的老臣子,大多是一些平平凡凡的普通人,要做大一
个企业,必须要聘用一些有国际眼光的人。但是这些高端人才来
到阿里巴巴,与企业氛围完全格格不入。阿里巴巴的人都是一些
能吃苦、脚踏实地的行动派,而这些空降兵们则是满腹经纶的规划
派,他们善于谈战略,每次说完之后都能让马云浑身充满斗志,但
是真正行动起来的时候却还经常摸不着头脑。有一个来自跨国公
司的副总为阿里巴巴做了一份营销预算,但是当马云拿到那份预
算的时候,立刻被那份高达 1000 万美元的预算震住了,他对副总

说："我们只有 500 万,能不能做一份 500 万以下的预算?"那位副总则答道："我只做 1000 万以上的预算。"马云顿时无语。

后来这些高端人才全部离开了阿里巴巴,真正坐在副总或者总经理位置上的人,还是那些同他一起并肩奋斗过来的战友们,正是这些平平凡凡的普通人和马云一起创造了这个世界上最成功的 B2B 交易平台。

马云回忆起这段往事,不无感慨地说："把飞机的引擎装在了拖拉机上,最终还是飞不起来。"

后来阿里巴巴成功上市,在公司里产生了上千名百万富翁,这些人中,大多为普普通通的二十多岁的年轻人。虽然没有高学历、没有高管背景,但是却获得了成功。这是什么原因呢?其实归结到根本上,就是他们与阿里巴巴是匹配的。高端人才和普通员工在阿里巴巴的发展之所以有天壤之别,说明的正是一个人才匹不匹配的问题。

就像我们传统上说的结婚要找门当户对的一样,现在我们经常把门当户对当做一种诟病,其实从匹配的角度来说,还是很有道理的。门当户对的两个人在生活习惯和价值观上都比较容易融合在一起,这样就少了产生摩擦的机会。我们经常可以看到一些夫妻之间发生争吵或者难以找到共同话题,其实就是源于他们不匹配。在职场上找工作也是同样的道理,一个人找工作,就要找和自己思维模式、价值观和性格相匹配的,这样才能在这个岗位上开开心心地做下去并得到好的发展。否则双方的想法、行动、价值观相差太大,不但会使个人郁郁不得志,同样对企业的发展也是不利的。所以说,不管你多有才华,最关键的还是要找到一个与自己相匹配的职位,与企业文化相融合,这样才能有好的发展。

俗话说:"物以类聚,人以群分。"一个团体能够长长久久地存在,那么加入这个团体的每个人都要有相近的文化和价值标准,这样无论是团队还是个人,都可以有好的发展。人才要与所在的企业相匹配,这是关系个人发展的最关键的因素之一。

人才与企业相匹配,首先要放下自己有多优秀、多出色的观念,先去看自己是不是适合在这个企业工作。怎么看呢?归结到根本上,就是看自己是不是与企业的行业性质、发展阶段、企业文化、战略目标相匹配。能与企业相配,才能很好地融入企业,施展自己的才华,否则只能白白浪费自己的时间和机会。

那么,在不了解企业的时候,年轻人该怎样判断自己是不是和企业文化相匹配呢?其实专业人士已经给我们总结出了一些可以遵循的规律,大家可以根据自己的情况选择适合的公司加入。

1. 职业型企业。这样的企业对管理体系比较重视,要求也比较正统,最典型的企业代表就是房产大鳄万科。能够获得这类企业青睐并得到良好发展的,多是具备下面一些条件的人:

- 重点大学毕业,专业对口,最好有相关大型企业供职经历。
- 学习能力强,有进取心。
- 有思想,面对问题善于思考,并可以在事后加以总结、归纳。
- 有担当,敢于承担责任,做事积极主动。

2.江湖型企业。这类企业比较重视结果,管理并不是企业的重点。最典型的企业代表就是初创时期的阿里巴巴。当然,这个类型里以私营和中小企业为主。能够获得这类企业青睐并得到良好发展的,多是具备下面一些条件的人:

- 曾有相关职位的任职经历。
- 敢于独立承担职责。
- 有解决问题的能力,当然,解决问题要有一套属于自己的方式。
- 能够习惯粗放型管理方式。

3.家族型企业。这类企业更重视员工的忠诚和务实,管理决策基本上是源于家族内部。最典型的企业代表就是曾高居福布斯内地首富的杨惠妍家族经营的碧桂园。能够获得这类企业青睐并得到良好发展的,多是具备下面一些条件的人:

- 忠诚,务实,踏实。
- 有很强的解决各种问题的能力。
- 沉稳,不激进,能够在合适的时候表达或者控制自己。
- 有带团队的能力。

4.国有型企业。这类企业包括国有企业、由国有企业转制来的企业和有政府背景的企业。在这类企业最讲究的就是人际关系。最典型的企业代表就是远洋集团。能够获得这类企业青睐并得到良好发展的,多是具备下面一些条件的人:

这样的员工,马云爱

● 有背景,学历好,出身好,最好是党员,有过大企业就职的经历。

● 情商高,能够较好地处理人际关系,性格温和。

● 没有太强的进取心或者能够将自己的进取心掩藏得很好。

除了这些,还有一些尚在发展中或者尚未形成企业文化的公司,这需要大家在职场中自己加以分析总结。

第三节　找对了位置，你就是个人才

> 树上的叶子千千万万，但绝对不会有两片是完全相同的，地球上的人类也是如此。每个人都有自己的个性，也有自己擅长和不擅长的地方，想要成为某方面的人才，首先要为自己做好定位。

有人说，成功的人中有许多天才，但并不是所有的天才都能成功。

同样的，天才中会出现许多成功者，但并不是所有的天才都会成功。

在这方面，马云为我们做了一个很好的例证。

马云是个天才吗？恐怕没有人能做出一个肯定的回答。他小学数学经常不及格，高考也是连考了三次才上了大学，不能称得上聪明。当然，更不能称得上是个天才。或许他靠着一个好点子做成了大事业，所以我们更应该把这个功劳放到他那出类拔萃的执行力上。好想法许多人都有，但是"晚上想走千条路，白天起来走老路"的人更多。而马云之所以成功，就在于他对自己有一个很好的定位。

谈及这个问题的时候，马云说了一句很经典的话："如果连我都能成功，那我相信80％的年轻人都能成功。"说这句话，绝对不是马云矫情，而是他的切身感受，一个不聪明、执拗的人都能够成功，那么更多比他聪明的人也应该成功。当然这个假设是有前提的，一个人要在事业上成功，重要的是为自己定位。要看到自己的兴趣和天赋在哪里，然后做自己有天赋又有兴趣的事情，找对了方向，充分发挥自己的天赋和优势，机会降临并敢于行动，如此方能成功。

为自己定位，看似简单，其实不然。很多年轻人在大学毕业之后求职都会遇到这样的一个问题：好的工作自己做不来，不好的工作自己又不屑去做，高不成低不就，还有些年轻人甚至会因此产生厌世的情绪，其实大可不必如此。坎坷人人都会遇到，一时的不顺利并不意味着永远都会不顺利。年轻就是资本，为自己做好职业定位，你就是一个人才。

为自己定位，首先要明白自己的优势在哪里。

这个问题其实很容易明白，一个人想要做好某份工作，首先要有做好这份工作的优势，从自己的性格、特长、专业上面考虑。譬如一个性格内向的人就不适合做营销工作，同样的，一个活泼外向的人也不适合坐在办公室里审阅文稿。专业和专长的问题也是一样，你让刘翔去打篮球，他恐怕连国家队都进不去。同样的，姚明去跨栏，也不可能取得刘翔一样的成绩。全才不是没有，但毕竟是少数，在自己有优势的行业中做下去，才能做得长长久久，才能做得风生水起。

为自己定位，越早越好。很多年轻人在大学毕业走入社会的时候才发现自己选择了一个根本就不适合的专业，这样白白浪费了时间。我们读那些名人传记，很容易就发现那些成功人士都有一个共同的特点：他们都明白自己的优势在哪里。比尔·盖茨，自小就喜欢电脑，所以他在大学二年级的时候就辍学了，原因是什么？因为他知道这辈子自己是要和计算机打交道，而不是法律。你能想象比尔·盖茨站在法庭上为别人打官司的情景吗？在读书的时候为自己做好职业定位，其实是很有必要的。当然现在大多数年轻人遇到的问题是他们并不知道自己的优势在哪里。大学里学到的东西，真正能让我们拿到工作中施展的很少，在这方面，本科生、硕士生可能还不如一个中专、职高生能够为企业创造效益。但是同时你也要明白，你在大学里学到的专业眼光、对事情的宏观把握和创新精神，也是他们所不具备的。暂时的不被认可没有什么，大不了回下炉，掌握一些实用的知识。在找不到机会的时候，不妨从低层做起，积极为自己充电，等待时机的到来。

马云大学所学的是英语专业，但是他最终选择了和英语完全不沾边的 IT 行业，那是因为他找到了自己在 IT 方面的优势，看到了别人没有看到的机遇。而他所学习的英语，并不是全无用处，如果他不懂英语，也就没可能和外国人直接沟通，更没有机会出国见识互联网。所以说，无论到什么时候，都不要急于否定自己，发现自己的优势并为自己充电，你就是个人才，暂时的不如意并不代表什么,你缺少的,只是一个可以施展才华的机会而已。

为自己定位,就要做自己擅长的事情,当然,如果你所擅长的,恰好又是你所喜欢的,那么这就是最好的局面。坚持下去,你会成为一个出色的专业人才。

永远都要记住,这个世界上只要是才智正常的人,都有自己擅长的地方,世界上没有无用的垃圾,只有放错了地方的宝藏。找对了位置,你就是一个人才。

第四节　坚持下去的人，才能成才

> 在这个世界上，人与人的才智相差不大，但是为什么有的人能够成功成才，而有的人则只能庸庸碌碌过一生呢？其中一个关键的因素，就在于成功的人都有一种敢于坚持的精神。他们敢于坚持自己的梦想，不达目的绝不放弃，所以才能成才。

1999 年，马云决定离开外经贸部，自己另起炉灶，这是一个很艰难的抉择。当初他带着伙伴们放弃了曾经辉煌的中国黄页，来到北京奔的就是一个前程，但是没想到到最后却落得一穷二白地打道回府。大家都有些沮丧，但是都没有放弃。在离开北京的时候，马云给伙伴们开了一个会，在会上，马云表示，如果他的兄弟们愿意留在北京进雅虎或者新浪，他可以帮忙引荐，收入会很高。如果他们想要跟自己回到杭州重新创业，他会更加高兴，但是条件很艰苦，每个月只能拿 500 元的工资，但是他们的未来会很美好，他们将来会做一个全世界最伟大的互联网公司，只要是商人，就要用他们的网络。这个目标看起来几乎遥远得不可实现，但是在当时，马云的伙伴们都相信了他，他们坚信凭着以往的经验坚持下去，一定能够实现他们的目标。

但是很显然，在别人的眼中，马云和他的伙伴们想要做成这样的一家公司简直是疯了，是不可能的事情，但是马云完全不为别人的言语所动，他坚信做下去，一定可以成功，可以实现自己的理想。

2000年，中国互联网遭遇了一场灭顶之灾，被大家一直看好的互联网神话霎时间近乎破灭。从当年的4月份开始，纳斯达克指数一路狂跌，这种趋势一直到2001年的9月份，而此时纳斯达克指数已经从最初的5000点下跌到1300点，在这个过程中，受影响最大的就是互联网行业。互联网公司从众人眼中的黄金变成了一钱不值的垃圾，而电子商务网站是所有互联网产业中最不被看好的。而在当时，马云的阿里巴巴公司正在起步阶段，好在他的手中还有从投资商那筹募来的资金，靠着这笔钱，阿里巴巴公司得以在困境中走出来。

但是现实对马云团队的考验才刚刚开始。网络评论家开始对崭露头角的阿里巴巴展开大肆批判，有的称他们是"垃圾中的垃圾"，有的说他们是"骗子"，更多的人对他们的模式表示质疑，认为做B2B几乎是自寻死路。马云这时候已经经历六年的考验，他是在众人的质疑声中走过来的。对于这一切，马云说，别人怎么看自己不重要的，重要的是自己怎么看自己，如果自己觉得正确，那么不管别人说什么，都要坚持下去，心无旁骛地坚持下去，成功也就有了可能。总是为外界环境和别人的言语所动，那么无论到什么时候都不可能成功。

后来,在众多的互联网公司倒下之后,阿里巴巴依然屹立不倒,甚至开始以几何级数规模扩大。事实证明,马云的坚持是正确的,他的成功当然与他的坚持不可分离。

第二次世界大战时期,英国首相丘吉尔在一所大学的毕业典礼上做了一个十分著名的演讲,演讲持续了二十分钟。在这二十分钟的时间里,他一直在讲一句话:"坚持到底,绝不放弃!"两句看似简单的话,其实蕴含的道理却是无穷无尽的。丘吉尔这句说给年轻人的箴言,也是成功成才的重要秘诀——坚持下去,无论别人怎么说,在自己选择好的路上坚定不移地走下去,这是成功的必备条件。当然,前提是你喜欢你所坚持的事业,并对这项事业有正确的见解。没有正确目标的坚持,那是钻牛角尖、走死胡同。

马云说:"今天很痛苦,明天更痛苦,后天会很幸福,但是很多人都死在了第二天晚上。"

马云又说:"我不知道如何定义成功,但我知道什么是失败,那就是放弃!"

这两句话既是对自己事业的总结,也是写给后来人的良言妙语。很多人不能成功成才,不是因为他们不聪明,也不是因为他们没有好创意,而是因为他们缺乏坚持做下去的勇气。

年轻人想要成才,有三点很重要:

第一,做自己喜欢做的事,并且这件事是正确的、有前途的。

第二,能在做事的时候找到乐趣和希望,很多人之所以不能坚持,是因为他们自己先厌倦了。

第三,在自己选择好的道路上坚持下去。

做到了这些,才能真正地成功成才,你的青春才不会虚掷,你的人生才不会空留遗憾。

第五节　真正的人才要善于竞争

在现实生活中，我们总是能够发现，人才往往能做出一般人不能完成的事情，他们也具有一般人大多没有的能力。在职场中，有些薪水高待遇好的工作是要交给这些能做事、有能力的人才去完成的。当然，没有一成不变的工作，也没有一成不变的环境，一个真正的人才，要敢于且善于同竞争者竞争，这样才能立于不败之地。

人才之间的竞争只要一方不认输，那么竞争就会持续下去。双方在竞争中不断壮大自己，能力则越来越强。正如马云所说："竞争者是你的磨刀石，把你越磨越快，越磨越亮。"人才之间的竞争，绝对不应该是你死我活的生死较量，而应该是在竞争中不断地发展和壮大自己。

阿里巴巴旗下淘宝网前总裁孙彤宇说到淘宝网壮大过程的时候，曾举了这样的一个例子：孙彤宇小时候参加百米短跑体育比赛，他不想给自己太大的压力，于是在每次赛跑的时候，都会找一个不如自己的人一起跑，这样轻轻松松就赢了，他很开心，但是随之而来的却是成绩的不理想。他仔细思索，终于明白，跑的时候应该找一个比自己更强大、更能跑的人跟自己一组,这样跑起来才会更努力,也才能跑出更好的成绩。因为前面总有一个比自己强的人,想要超过对方,就要不断地努力。

淘宝网成立不久,全球最大的 C2C 网站是 eBay,对于中国这个巨大的市场,eBay 一直雄心勃勃地想要抢滩。为了达成这个目标,eBay 还收购了当时中国内地 C2C 发展势头最好的易趣网。在当时,eBay 根本就没有将淘宝网放在眼里,他着眼的是中国市场的布局。但淘宝网已经将 eBay 作为竞争对手,一个后起之秀和 C2C 巨头的竞争看起来好像是不自量力,但是淘宝网真的这么做了。谈到之所以将 eBay 作为竞争对手,孙彤宇说:"我觉得对于企业来说,这可能比较自私。但如果身边有一个跑得慢的人,你真的很爽,尤其是离得很远了,你不断地回头去看,甚至还停下来朝他望望,有可能还点根烟抽抽。所以,我们要的是比我们跑得快的人。"

而此后的事实也证明淘宝网当初选择 eBay 作为竞争对手的确是一步好棋,在别人还没有注意到的时候就去琢磨别人的成功模式,然后不断创新,壮大自己,吸引用户。在不经意间超越对手,赢得竞争的胜利。靠着这步好棋淘宝网最终成功胜出。

总结淘宝网成功经验,马云说,竞争其实是一种游戏,讲究的不是你死我活,而是在良性竞争的环境下共同发展,不断壮大。在一个行业里,一枝独秀是不行的,也是危险的,越是成熟的行业,越需要有竞争者,多个竞争者的存在,会令企业充满危机,不断学习、进步,整个行业里的人都这么做了,那么这个行业里的人都会有钱赚,蛋糕大了,大家分的就更多了。

人才的竞争也是如此。人与人之间的竞争会给人前进和学习的动力,这样对竞争的双方都有好处。在对非洲大草原奥兰治河两岸的羚羊进行研究的时候,专家们发现这样一个现象:东岸的羚羊比西岸的羚羊繁殖能力要强,奔跑的速度更快,得病的几率也比较低。同样的水源和食物,为什么会有这么大的差别呢? 后来研究者将东西两岸的羚羊各捉了5只送往对岸,结果发现一年以后来自东岸的羚羊在西岸生活得很好,已经增长到了14只。而来自西岸的羚羊到了东岸之后只剩了3只,其余的全都被狼给吃了。研究者终于明白,东岸的羚羊之所以强壮,是因为东岸有狼。而西岸的羚羊之所以弱小,乃是因为西岸的羊群缺少竞争者。生长在东岸的羊群们处在狼的威胁中,警惕性自然就高,狼的突然袭击会让他们奋力狂奔,在躲避狼攻击的同时,羊群的体能也大大增强了。而西岸的羊群处在无狼的环境中,生活变得格外舒适,自然也就没有了奔跑的动力,由此换来的是身体素质的大不如前。

有竞争才能焕发生机,有竞争才能更有成绩。所以年轻人要敢于且善于为自己寻找竞争者。这个竞争者要比自己强,要能够促进你向更专业、更出色的高度迈进。不要选择流氓作竞争对手,除非你想变得比流氓更流氓。就如马云所说:"一个有资质的人才总会在一次又一次的比武中得到一些非同寻常的顿悟,进而功力大增。而他身上必然有这样一种特质:善于选择好的竞争对手并向他学习。"

马云说:"八零年代的人不要跟七零年代、跟六零年代的人竞争,而是要跟未来,跟九零年代的人竞争,这样你才有赢的可能性。"这其中蕴含的道理其实很明白,一个人要放眼未来,和将来的人比、和可能超越自己的人比。一个善于竞争的人,要做到以下两点:

第一,学会为自己投资。

马云在 2007 年网商大会上的演讲就提到了这个问题,他说:"这个世界上有没有哪个 CEO 是靠培训的。CEO 都是通过坐在一起聊天,参加各种论坛来学习的。作为一个领导,眼光、胸怀的锻炼十分重要,要多跑多看,读万卷书不如行万里路,你没有走出县城,就不知道纽约有多大,我去了之后回来觉得自己太渺小了,飞那么长时间还没飞到尽头。我经常跟我的同事说,人要学会投资在自己的脑袋和眼光上面……"

怎么提高自己的竞争力?关键就在于在实践中多看、多听、多想,找出一套适合自己的实战经验,让自己的眼光更高远,让自己的头脑更清醒,时刻保证自己处在行业领先的位置,才能在竞争中立于不败之地。

第二,保持你的竞争精神。

马云说:"别人可以拷贝我的模式,不能拷贝我的苦难,不能拷贝我不断往前的激情,这个东西你一定要记住,这是你的核心竞争力。当然,再好的创意背后必须要有制度、人才去支撑。"

一个人的核心竞争力,不是他掌握多少知识,而是他自身的阅历以及不断追求进步的激情。抓住机会，还要有能在这个机会上进一步发展的能力和激情。一个没有进取心和竞争精神的人，或许可以得到安逸的生活，但是却永远不能获得成功的乐趣和攀上顶峰之后那极致的快感。

第六节　找像唐僧一样的管理者

> 一个出色的管理者,首先应该有坚定的立场,敢于冲破艰难险阻向着目标进发。同时还要能降得住精英、管得了普通人、包容得下滑头,这样的领导者才能让整个团队保持健康发展的势头,最终实现目标。

2001 年,马云在厦门会员见面会上的一场演讲中说了这样一番话:"中国人认为最好的团队是'刘、关、张'的团队,还有赵子龙、诸葛亮,这样的团队真是'千年等一回'。但是我们认为世界上最好的团队是唐僧团队。"当然,最好的管理者也是唐僧团队的领导——唐僧。

为什么要唐僧不要刘备呢?其实这里面是大有讲究的。我们不能否认,在刘备的管理下,他的团队是十分出色的,关羽、张飞、赵云都是能征善战的精英分子,加上诸葛亮的智慧,刘备在这帮人的衷心拥戴下,占据荆州、益州和汉中,西和诸戎、南抚夷越、外结孙权、内修政理,成为三分天下的军事政治集团。这简直就是一个创业的"梦之队"。但是在现实生活中,想要组建这样的一个团队几乎是不可能的。放眼一瞧，刘备团队个个都是精英，毋庸置疑，精英团队能创造的效益远远比普通人要多。但是在现实生活中，找出像关羽、张飞、赵云、诸葛亮一样的精英不难，难的是能够降服这些精英。我们最经常看到的精英团队的局面往往是谁也不服谁，内讧严重。而且精英们自身也会考虑前途和出路的问题，他们自己本事大，对所服务的团队是不会忠心的，要组织一个这样的团队，可能性是很低的。

而反观唐僧，则脚踏实地得多。

唐僧表面上好像什么都不管，只管念经和取经，也没有什么真本事，但是这正是唐僧高明的地方，实施的是放权式的无为而治，对下属充分授权，同时又能把握团队发展的大目标（取经）不放松，这才是一个高明的管理者。

在唐僧团队里，最能干的人是孙悟空，披荆斩棘、降妖捉怪的事情都是他做的。这就是一个很典型的精英人才。不可否认，一个团队里有这样的一个精英存在，对企业的发展很有助益。但是孙悟空再能干，唐僧也能管得了他，他手中掌握着孙悟空的把柄，只要孙悟空不服从管教，就念上两遍紧箍咒，孙悟空就服服帖帖的了。

猪八戒吃得多干得少，喜欢偷懒耍贫嘴，偶尔能帮点小忙。这样的人在企业中也有不少。对待像猪八戒这样的滑头，唐僧也可以包容。猪八戒的存在就像是生存在沙丁鱼里的鲶鱼，有了他，团队才会有生气，时不时地为大家带来欢笑或者话题，也是他存在的一种价值。唐僧明白,猪八戒这样的人其实就是整个团队的润滑剂,大多数时候包容他,在需要的时候小小地批评一下,让他发挥自己应有的效用。

而沙和尚型的人更多,许多基层员工都和他一样,踏踏实实地做事,没有太大的上进心,工作只是一种养家糊口的工具。这种员工是最好管理的,也是能做事的人,他没有什么创举,但却是团队不可缺少的中坚力量。对这样的人,要在适当的时候多鼓励一下。

唐僧正是靠着坚定的目标,带着这样的团队取到了真经,所以一个管理者,就应该像唐僧一样,可以包容不同,让团队达到协调。这个团队最有能耐的是孙悟空,但是孙悟空是不能做管理者的,他有做事的能力,但是脾气急躁,眼里容不下半点沙子,一点不顺心就撂挑子不干了,这样的人带团队,是极难成功的。马云自认为自己就是唐僧型的管理者。他不懂电脑,对销售也不精通,但是却可以带着一个包含精英、滑头与普通人的团队,成就国内最大的 B2B 网络。所以,在培养管理者的时候,马云也是希望他们能成为像唐僧一样的人——能够看清目标,使命感强烈,无论是面对诱惑还是困难,都不会改变自己的目标,做该做的事,同时又能管好下属。

每一个年轻人都希望在职场上有所发展,做到管理层。有些人一进入职场就是一个小小的管理者,无论是管理者还是准管理者,向唐僧学管理,都是一个不错的选择。

第一,管理者不一定要很能干,只要你的手下是一个或者一批能干的员工,你又能管住他,那你就是一个成功的管理者。正如马云所言:"我训练干部管理团队,要求他们在问题发生之前就把问题处理掉……如果没有人能取代你,你永远不会升职。只有下面的人超过你,你才是一个领导人。"

第二,管理者一定要有目标,要能把握团队的整体走向。在2000年网络泡沫破灭的时候,一大批的互联网公司倒下去,但是马云依然坚信阿里巴巴可以成为中国最好的电子商务网站。在关键时刻,他对团队的唯一要求就是活下去,只要能挺过去,那就是一场胜利。危机过后,盛世到来,马云依然能对阿里巴巴的发展指挥若定,统揽大局。可以说,这样的管理者或许没有参与具体事务的过程,但是却把握了整体的方向,就是一位成功出色的管理者。

第三,敢于放权,用人用长处,管人管到位。马云说:"中国的企业家应该向唐僧学习,不然只会造就一个明星企业家,而非一个强大的企业系统。"阿里巴巴公司上市之后,整个集团成了五个子公司,陆兆禧掌管阿里巴巴网和淘宝网,彭蕾掌管支付宝,王坚掌管阿里云,曾鸣掌管雅虎中国。而马云看上去成了一个闲散分子,但是实际上并非如此。他做的,是到世界上最先进的公司去学习,去了解世界经济的形势,做整个阿里巴巴集团的舵手,把握了导向,才能正确地发展。

第二章　看：每位新人都应该先从观察、学习开始

来公司先看，少发言。观察一切你感兴趣的人和事。从看和观察中学习了解。当然最好带着欣赏和好奇的态度去看。

——马云

第一节　永远面带微笑

> 新员工入职，所要面对的问题很多，加上对环境的不熟悉以及唯恐出错的诚惶诚恐，难免要承受相当大的精神压力。种种问题压下来，很难让人还能保持微笑。其实，越是在这种时候，越是要保持微笑，微笑不仅会让你放松神经，还能为你带来好运。

在阿里巴巴，微笑是一种企业文化。马云曾说，判断一个人是不是优秀，不要看他是不是 Harvard（哈佛），是不是 Stanford（斯坦福）。而要看他干活是不是发疯一样干，看他每天下班是不是笑眯眯地回家。

这句话不单单是说给那些优秀的、成熟的老员工听的，对新员工也同样适用。一个人有没有能力、能不能协调好工作上的关系，除了要看智商，情商也很重要。一个高情商的人往往能够很好地处理人际关系，将不良情绪迅速化解，不会让自己不快，也不会将这种坏情绪带给别人。这样的人，无论是在工作中，还是在生活中，都会有好人缘，家庭生活也会相当幸福。

舒乐刚刚到阿里巴巴工作的时候,整天的神经都绷得很紧,现在工作难找,对于这份好不容易得来的工作,他更是特别珍视。上班的第一天,他让自己看起来职业而精神,上司带他和几个新人去熟悉情况之后便为他们安排了工作任务——打电话向客户推销诚信通。舒乐平时是个很能侃的人,但是到了真正需要发挥口才的时候却总是卡壳,每次电话接通了,舒乐就会紧张得不行。当他结结巴巴、前言不搭后语地将来访目的告诉别人的时候,忙碌的客户可能正在处理别的事情,所以很少有人会听他磕磕巴巴介绍下去。舒乐很沮丧,吃饭的时候也没精神,面对同事的时候也是愁容满面。那些老同事们本来很乐意去教一个新同事,但是看到他的样子,都不怎么愿意亲近他了。那种工作不顺利加上被同事疏离的感觉让舒乐简直觉得每天都是一种煎熬。

　　转眼一个礼拜过去了,舒乐瘦了,也更加沉默寡言,他每天还是打电话给客户,但是业绩却毫无起色,而与他一起来公司的几个新同事的业绩都好许多。舒乐心想,看来自己真的不是做销售的材料,是时候再找一份新工作了。

　　这一天,在另一部门供职的好友 Bosco 和他聊天,问他这一段的感觉怎样。舒乐不想把自己的不如意说给对方听,所以只是说了些场面上的话。Bosco 并没有反驳什么,他只是递给舒乐一面镜子。舒乐不明白 Bosco 给他一面镜子是什么意思,Bosco 示意他看看镜子里的人。舒乐看到镜子里的人,吓了一跳,镜子里的人脸色沉重,双眼无神,一脸的疲惫。

Bosco 这时候说道："如果你看到镜子里的这个人，会不会愿意喜欢他？会不会想和他交朋友？"

舒乐不说话，他知道自己不会。

Bosco 接着说："一个连自己都不喜欢的人，也很难让别人喜欢得起来。为什么你不让自己过得轻松快乐一点呢？试着多笑一笑，给自己一个积极的心理暗示，同时乐观地看待工作，你会发现一切都不同了……"

舒乐和 Bosco 分开之后想了许多，第二天上班之前，他面朝镜子，努力让自己微笑起来，同时对着镜子里的人说："加油，你今天气色真好，一定会成功！"

舒乐将这种积极的心理暗示保留了下来，在公司，他向看到的每个人微笑、打招呼，大家也都微笑着回礼。舒乐微笑着向同部门的销售状元 Lily 请教成功经验，他知道 Lily 是个乐于助人的人，自己的问题不会被回绝。Lily 很快告诉他一条销售秘诀，那就是自己真正看到产品的好，而不是强硬推销。只有连自己都觉得好，说出去的话才能有说服力。用轻松快乐的语气同客户交流，客户才愿意听。

舒乐仔细地研究了诚信通的几个成功案例，又总结出一套推销话语，这才打电话给客户。因为这次有了底气，舒乐微笑着同顾客说起诚信通，没想到对方听了舒乐的话，竟然同意试一试，这让他大喜过望。

有了一次成功的经验，舒乐立刻觉得开心了起来，这让他接下来的工作也开心了许多。几个月下来,舒乐的成绩好了许多,更令他觉得欣喜的是,在工作中他也与同事们打成了一片。

对于新员工来说,压力是不可避免的,但是越是将压力放在心里,就越难以融入工作环境。无论到什么时候都要记住,上司和同事们不是老虎,工作更不是洪水猛兽,放轻松,保持微笑,努力适应,一切都会好起来。

马云在工作中就是一个快乐的人,他不但会展示自己的快乐,还会将这种快乐传达给别人。在阿里巴巴,马云有时候会搞个突然袭击,和员工开开心心地聊聊工作上的进展。他还很喜欢和大家一起玩游戏,虽然他围棋和四国都玩得不好,但是却乐在其中。玩杀人游戏的时候,别人都是一个劲儿地闷头打,只有他废话不断,所以第一个挂掉的人也总是他。

在阿里巴巴,马云总是很快乐,是他没有压力吗?当然不是,管理一个这么大的公司,压力肯定是不可避免的,只不过马云总能很好地控制这种压力,极少向员工们传递负情绪。对此,马云说:"压力是自己的,不应传染给员工。我一直和我的同事说,没有笑脸的公司其实是很痛苦的公司。我最喜欢猪八戒的幽默,他是取经团队的润滑剂,西天取经再苦再累,一笑也就过了,我们公司的logo 就是一个笑脸。"

其实,对新员工来说,微笑是一个快速融入团队的好方法,和同事、客户接触的时候微笑代表的是"很高兴见到你"、"我喜欢你"、"和你在一起很开心"。在你有求于人的时候,微笑表示一种尊重和请求,在你受到批评的时候,微笑颔首表示你知道自己的错误,并乐于接受批评。除了这些,微笑还代表着鼓励、信任和赞美……

　　当然,一个发自内心的微笑不但可以让人际关系好转,还可以让自己由衷地快乐起来。其实,人的一天只有 24 小时,其中有 8 个小时的时间在睡觉,剩下的 16 个小时中有一半的时间在工作,在工作的时候,你是选择快乐还是不快乐呢?答案很明显,若你选择了快乐,为什么不让自己微笑起来呢?

第二节　花点时间熟悉环境

> 每家公司都有自己独特的文化,新人入职,先要熟悉环境,弄明白哪些是应该做的,哪些不能做。除了这些,还要让自己尽快地融入团队而不被隔阂,这是十分重要的。

每个职场新人,进入公司之初,先要收敛起自己的宏图大志,不要考虑公司的发展大计,也不要想着立刻做件轰轰烈烈的大事。你要做的是熟悉环境,熟悉你的工作,熟悉人际关系,尽量缩短从新手到熟练的过渡期。熟悉环境之后,工作就会少走许多弯路。

洛洛大学毕业之后,进入一家出版社做编辑助理,这是很多女同学都梦寐以求的事情,作为一名文字爱好者的洛洛也觉得很是欢喜。但是当她带着兴奋和激情到公司上班时,她立刻觉得失望。

同事们都在忙碌自己的事情,没有人迎接她,甚至没有人看她一眼。公司的负责人拿了两叠文稿,一叠复印,另一叠校对。一连几天都是如此,洛洛觉得灰心了,她找到我,说她在这家出版社做的事情完全不能体现出自己的价值,她看不到未来。最后她深深地叹了口气,说道:"我希望能尽快找到下一份适合我的工作。"

其实，洛洛的问题也是大多数新人所面对的问题，初来乍到的迷失让他们感觉无所适从。洛洛不受重视真的是出版社的责任吗？当然不是。对于一个新人来说，一没有经验，二不熟悉环境和工作流程，只能从最简单的工作做起。在这种时候，新人除了要做好简单的工作之外，还有一个重要的任务——熟悉环境。

第一，熟悉公司的组织分布。

公司里有哪些部门，这些部门的负责人是谁，他们主要负责的工作是什么……这都是新员工需要了解的。有人可能不理解，知道这些有什么用处呢？

在当今社会，信息永远是最重要的资源之一，如果一个新人在入职很久之后还不知道公司内部各部门的职能情况，那就意味着他接受信息的速度永远比别人慢半拍。这对职场发展与晋升是百害而无一益。

第二，准确记住每个领导和同事的名字。

一个新人，难免要和同事、领导打交道，在有求于人时，如果连别人的名字都喊不出来，毫无疑问，你在对方心目中的印象分一定会大打折扣。

所以，利用尽可能多的机会去熟悉你的同事和领导，尤其是你身边的同事，清晰地喊出对方的名字，这是交流的基础之一。

第三，熟悉公司的各种规则。

规则有列出来的规章制度和隐形规则两种。对于公司明文列出的规则，一定要格外熟悉，很多公司都有员工手册或者张贴出来的公司规则，一定要花时间去熟悉，这是养成良好办公室习惯的基础。一个新人，可以不出色，但绝对不能给人糟糕和不守规则的印象。

至于隐形的规则，那就是大家心知肚明的规则，多向老员工了解，努力不越雷池半步。

第四，了解公司的人际关系。

人际关系永远是办公室里最重要的一环，一个新人，可以不八卦、不鸡婆，但对送到耳边的人际信息不能忽略。有的公司有帮派之分，不知轻重的新人如果两边都不讨好，那么注定在这个公司没办法立足，职场路永远有碰不完的软钉子。

你可以选择站在某一边，也可以选择中立，千万别做墙头草，这样两边的人都不欢迎你。

第五，对自己工作的内容一定要有清楚的了解。

很多新人一进公司做的都是杂活，哪里需要就去哪里，十天半月下来，可能连他自己都不知道自己要干什么，这是一个很不好的开始。

每个公司招人，都是有针对性的招聘，除了极个别的小公司之外，员工的分工还是很明确的。所以，虽然一时之间你做的不是你应该做的工作，但是千万不要忘记，在做好杂活的同时，了解你所在职位应该做的工作，过渡的时候会轻松许多，也会给上司留下良好的印象。

第三节 多观察，多向别人学习

> 马云说："对一个员工来说，学习是很重要的。除了参与公司的培训，还要注意在工作中多向别人学习。"老员工如此，新员工更要如此，多学习，多观察，才能更快更好地打开自己的职场之路，走出更灿烂的职场人生。

没有人不需要学习，尤其是那些刚刚进入职场的新员工，多观察、多学习更是当务之急。

无论你是毕业于哈佛还是斯坦福，无论你是硕士还是博士后，纵使你天文地理无所不懂，纵使你智商高达一百八，也总有些东西是你不知道的，再高的水平也终归要落于地面上，在职场中高分低能的人无所不在。所以，当你刚刚走入职场的时候，还是要踏踏实实地认清自己作为新人的处境。在职场中，你所做的和你所学所懂的有太多的区别，要多观察、多学习，才能避免走弯路。一个人最可怕的不是不会，而是不知道自己不会。

2002 年，马云在宁波会员见面会上说了这样的一个实例：一个居住在武当山下的小伙子每天都要花上 2 个小时练习武术，慢慢地,他的功夫就厉害起来了。几年过去,他把周围方圆百里的武术高手都打败了。这小伙子觉得自己天下无敌了,于是就跑到北京去,找到北京散打集训中心的教练。小伙子说:"我要和你的队员打一场!"教练说道:"你不要打了,你打不过他们的。"教练越是这样说,小伙子就越是不服气,一定要打一场。教练没办法,只好派了个队员和他打,可是这个小伙子还没过5分钟就败下阵来。教练和他说:"小伙子,你每天练2个小时,打败那些很少练功的人没什么稀奇。我们这里的队员每天练10个小时,你怎么可能跟他们打?而且我们的队员还没有真打呢!"

其实在职场上,也是同样的道理,你可能觉得自己的本事已经到家了,有知识,也有一定的社会实践,但是到了公司就不一样了。那些老员工们在公司摸爬滚打数年,早已练就了一番独门秘诀,你刚入职就想和这些老员工比,那是比不了的,别的不说,单单是他们那些处理人际关系的手段和资源就胜过你了。更何况他们还是专业上的老手,一出手就是真材实料。所以新员工不要一进场就和别人硬碰硬,也不要傲气冲天,你没有什么值得骄傲的。职场中比的是成绩、是效率,其他的可以直接忽略了。

说这么多,无非就是一句话,观察和学习对新员工很重要。那么我们怎么去观察,又从哪里去学习呢?

直白地向同事问:"公司有什么东西不能做啊?你做事有哪些窍门啊?能不能教教我啊?"俗话说,人心隔肚皮,做事两不知。刚刚相识的同事是不可能把自己摸索了许久才弄明白的东西告诉你的,所以,观察学习,还要靠自己。

第一,新人入职,多深入观察。

我做 HR 的时候,在许多新人身上发现了一个几乎是共性的东西:那就是对工作了解往往只是停留在表面上,你说他不懂吧,他也懂,但是说他懂吧,他说的只是一些皮毛。这对他以后的发展是很不利的。一个新人想要进步,就要多问自己几个为什么,疑问解决了,那就进步了,职场的路才能走顺。

第二,多做事,别计较得失。

我们常常在职场中看到这样的一种现象,有的人刚上班没几天就能把事情做得八九不离十,但有的人上班一个月了还是什么都不会。为什么会有这样大的差别呢?是不是他们的智商有差别呢?其实不是,原因就在于前者眼中"有活儿"。

小王和小秦都是新员工,但是他们入职的表现就完全不同。小王没事总是在看别人干什么,在别人忙的时候就会帮他们做些斟茶递水、复印打字、搬搬抬抬的事情。后来开始接触到业务,不消几天就和同事们熟络了起来,大家对他的感觉很好,也乐于和他说一些工作上的事情。小秦就不一样了,他觉得身为新人首先要安分守己,别做错事,所以有时候看到别人忙,他也坐着不动,后来看小秦去帮老员工,他也有所动作,但是大家都客气地说:"不用了,你忙你的吧",小秦就撒手不管了。两个人的表现不同也就造成了职场际遇的不同。

第三,杜绝消极思想,多跟优秀的人学习。

每一个公司都有优秀、进取的员工，当然也有消极、散漫的员工，新人入职，要跟优秀的人学习。俗话说，近朱者赤，近墨者黑。跟着优秀的人或群体学习，你也会变得优秀起来，在为人处事的态度上也会积极得多。我们常说想要变成一个什么样的人，就要和什么样的人在一起，说的也是一样的道理。

　　新人如果和消极散漫的人在一起，就会接触到许多不好的思想；和满腹牢骚的人在一起，思想也会变得消极起来；和喜欢玩游戏的人在一起，可能就会跟着玩乐。

　　所以，每一位新入职的新人都应该多学习、多观察，让自己更快地融入职场，用积极的态度去对待工作，这样才能迅速站稳脚跟。

第四节　不被人看好也是一种福气

> 每一位职场新人，在入职之后都希望能得到同事、上司的认可，如果能被看好，那就更好了，这就意味着以后的路会舒坦许多。但是很多新人入职，往往并没有这样的好运气，一个新人，总是不被看好的，这往往让新员工们觉得委屈。其实，从远景来看，不被人看好也未尝不是一件好事。

不被人看好，会是一种福气吗？也许很多人对这种观点不以为然。其实，每个人都希望自己会被看好，被看好了，才能被委以重任；被看好了，才能更有前途。一个人不被看好，那还有什么指望呢？

当然，我们不能否认，被人看好是一件很好的事情。被看好了才能得到施展才华的机会，不被看好则意味着被雪藏、被忘记、被放置角落——这恐怕是每个新员工都不希望看到的。

其实，从一个人的职业发展前景来看，被看好与不被看好都不是我们表面看到的那样简单。仔细分析一下就能明白，如果一个人一开始的时候就被寄予厚望，那么此后他的路并不见得就好走。他不可以犯错，不可以露怯，就算不会的事情也要装着会，不然就会辜负上司的期望,这样的人一旦出了纰漏,在上司心目中的地位便会一落千丈。而反观那些不被看好的人,如果能做出出人意料的成绩,就会给人一种"意外之喜"。尤其是在公司有危机的时候,若被冷藏的新人能施展才华,那他一定会被当做从尘土中滚出来的珍珠,受到更为隆重的重视和礼遇。

我曾经招聘一个非名校毕业的学生齐鸣入职做内刊编辑,而之前,这个岗位上一直都是高手坐镇的。但原先的内刊主编因为一场变故带领公司一帮人集体辞职,出稿在即,只能遍地撒网,临时请人。这时候,齐鸣来了。

作为一个非名校出身又无大型内刊经验的新人,虽然在校内担任过校刊主编,很显然他并不够格。但是病急乱投医,紧急情况下也顾不得太多了,和齐鸣一起来的,还有一位来自同行业其他公司的内刊副主管和几名名校毕业生。和这些人相比,齐鸣最不起眼,他被放在了最次要的一个职位上,而那位内刊副主编则担任起了临时主编的位置,大家都对他寄予厚望。但是这位副主编在出了几期刊物之后,很快就令大家失望了,整本书看起来基本无甚格调可言,除了其中的一个栏目。后来总经理让我查查那个出色的栏目是哪个人做的,结果答案出乎所有人意料,是齐鸣,是那个最不被大家看好的齐鸣。

总经理不知道他的底细,让我去查一下他的档案,我仔细看了一下,这才吃了一惊。齐鸣虽然非名校毕业,但是高考的作文却是满分,在校期间发表的文章也不下上百篇。总经理知道了之后说:

"看来这是一个真正的人才啊,以后要重用。"不久之后,齐鸣胜任副主编,又过了一年,他坐上了主编的位置。

　　除了低起点、高能力能得到更好施展才华的机会之外,不被人看好也是一个磨砺的过程。大家都知道,想要让弹簧上的物体弹得更高,就要把弹簧压到最低。我们读书的时候学过司马迁的《史记》,上面说:"文王拘而演《周易》;仲尼厄而作《春秋》;屈原放逐,乃赋《离骚》;左丘失明,厥有《国语》;孙子膑脚,《兵法》修列。"有些人是要经过一些磨砺及不被看好的经历才能让身体内的潜能爆发出来,如果一个人愿意且可以从这种困境中走出来,那么他接下来的人生一定会十分精彩。

　　马云创办阿里巴巴的时候,就曾经遭遇过不被人看好的阶段。那时候,阿里巴巴是中国所有互联网公司中被批评得最多的公司,马云本人也遭受了许多非议。

　　1999 年,马云在新加坡亚洲电子商务大会上发言,他说:"亚洲电子商务步入了一个误区,亚洲是亚洲,美国是美国,现在电子商务全是美国模式,亚洲应该有自己的独特模式。"亚洲的模式应该是怎样的呢? 马云认为,小企业通过互联网组成一个独立的世界——这就是亚洲模式。在当时,几乎所有的专家们都对这种狂妄的观点提出了非议。2000 年,《证券时报》上刊登了一篇文章《马云和阿里巴巴,没戏!》。在文章中,作者分析了马云的阿里巴巴的经营模式,得出了几个结论:第一,B2B 本身就是一个没有前途的项目,大企业有自己的 B2B,根本就不会使用阿里巴巴的平台。第二,中小企业也不需要 B2B,许多成功的中小企业没有 B2B 平台,一样做得很好。所以阿里巴巴基本上死路一条。

而到处推销阿里巴巴的马云,则被许多人看成了骗子。但是马云并没有被这些人的观点所影响,他说不管别人信不信,只要自己信就好。做产品之前先问自己三个问题:第一,这个产品有没有价值?第二,客户愿不愿意为这个价值付钱?第三,他愿意付多少钱?除了需要付钱的业务,阿里巴巴还有许多免费的服务,这些服务同样能带给客户利益。只要客户觉得好,愿意付钱,那就是成功了,别人说什么都不重要。

专家们的不看好也为阿里巴巴制造了一个好局面:既然专家们都不看好了,那这个行业应该就不行了——许多人心里都会这么想。这样的结果就是在阿里巴巴埋首做平台推广的时候,少了许多人进来和他们竞争,阿里巴巴的发展顺利了许多。

所以,年轻人一时不被看好并不代表什么,只要确定自己走的路正确,埋首苦干,总有大展宏图的一天。

第五节　敢于承认错误,别怕丢面子

> 新员工入职,要争取机会表现自己,犯了错误要敢于承认,别怕丢面子。在职场,很多时候态度决定前程,有了错误,尤其是那些会产生不良影响的大错误,一定要敢于承认。当然错误犯得越少越好,一个经常出错的人只会给人留下愚蠢的印象。

"面子"这个词,貌似是中国一个特有的词汇,它代表的是体面、人格甚至尊严。据《中国青年报》的一份调查报告显示,中国人觉得最没面子的三件事分别为:

1.在大庭广众之下出丑。

2.答应过别人的事情没有做到。

3.在人面前很无知。

很明显,这三点都是新员工很容易遇到的。丢面子的事,没人希望遇到,新员工多是一些血气方刚的年轻人,脸皮薄,没吃过亏,自然更希望能避免失面子的事情发生。那么有没有什么方法可以让我们不丢面子呢?

当然有，什么话都不说，没把握的事不做，这样就可以了。但是，这种情况几乎是不存在的，新员工进入职场，每天面对的，都是一些从来没有遇到过的情况，做的也是全新的事，只能尽量用心减少出错的机会，绝对不出错是几乎不可能的。

犯了错误，首先要承认，职场中最惹人讨厌的是死鸭子嘴硬的人，明明大家都知道你犯了错，但是你偏偏百般抵赖不承认，为自己找各种各样的借口，或者用各种手段去掩饰。这样做只会让你在别人心目中的形象更差，这当然不利于职业发展。

2000 年，马云拿到 500 万美元的投资，雄心勃勃地想要带领阿里巴巴去抢占全球市场。在很短的时间内，阿里巴巴在中国香港、英国伦敦、韩国汉城甚至美国硅谷都设立了站点。但是很快，马云就发觉自己这样做是十分错误的。在美国硅谷，到处都是技术型的人才，而阿里巴巴需要的贸易型人才基本上没有，如果要维持站点的正常运转，必须从美国各地招聘贸易人才到硅谷去，这是一个十分错误的决定，费用是十分高昂的。而且一个亚洲企业在发达国家设立分站点本身的成本就是十分高昂的。认识到错误的马云立刻决定全球大裁员，将阵线拉回。

重新为自己定好位的马云和阿里巴巴重新回归到了踏踏实实发展的道路上去。后来马云回忆这段往事，忍不住感叹："可怕的不是距离，而是不知道有距离！"一个人和一个企业都要有自知之明，没有自知之明就会犯错误，知道自己犯了错误就要立刻改正，将损失降低到最低。而事实上，人们是很乐于给那些敢于承认错误的人机会的。

　　没有人喜欢丢面子，但是如果舍弃面子承认错误能换来好处，这又何乐不为呢？更何况这些错误本来就是你自己所犯。相反的，如果你犯了错误又不肯承认，不但自己得不到改善的机会，还拂了批评你的人的面子。这样的员工，没有老板会喜欢。

　　新员工想要在职场得到好的发展，就应该敢于舍弃自己的面子，给老员工和上司面子，这样才可以让自己的职场之路走得更顺利更长久。

第六节　可以不会做事，但不能不会做人

> 新员工入职，是做事更重要还是做人更重要？
> 如果有可能，当然是既能做事又能做人最好。但是
> 在工作中，许多年轻人能做事，却因为做人不成功而
> 吃了大亏。所以，新员工入职，了解哪些是自己应该
> 做的，哪些是自己不应该做的，这十分有必要。

　　许多新员工都是刚刚走出校门的大学生，相比学校单纯的氛围，工作的环境则要复杂得多。一个新员工，在做事上慢一点差一点没有关系，但是在做人上一定不能走错一步，错了，你就很难再能弥补回来。在这个世界上，能做事的人不少，但是因为能做事而成功的人不多。相反的，会做人的人却可以让自己的人际关系大大好转，人抬人，人捧人，事情才能更顺利。

　　阿里巴巴是一家电子商务公司，可是身为掌舵人的马云并不懂IT，甚至连销售也不甚精通，连他自己都说如果和那些淘宝网卖家一起竞争一定卖不过对方，但是他却可以成为一个世界电子商务的领跑者，从无到有，靠的不是他自己有多能干，而是因为笼络了一大批能做事的人。

　这样的员工，马云爱

"我们不懂市场，就把世界上最好的市场人才请来；不懂技术，就把雅虎搜索的发明人吴炯请来；不懂财务，就把 CFO 蔡崇信请来；不懂管理，就把在亚太地区做过 16 年的高级总监请来。"归结阿里巴巴的海外发展，马云这样说。正是靠着这么多精英人才，阿里巴巴才有了今天。其实在开始的时候，阿里巴巴只是处在起步阶段，外界也不看好，那么为什么这么多精英人才愿意辞掉原先丰厚待遇的工作，到阿里巴巴来呢？谈及此，马云说："做小企业成功靠经营，做中企业靠管理，做大企业靠做人。"在阿里巴巴，马云对这些精英们给予充分的尊重和权力，放手让他们去做决策，公司做下一年度远景目标的时候，也是根据这些精英们的意见去做，做好了，由他本人去向这些精英们报告。老板对员工尊重，员工自然会愿意为他尽心尽力。

　　一个公司的老总尚且如此，更何况是那些刚刚进入公司的新人呢？

　　其实，每一个公司的老板都希望自己的员工是一个能按时超额完成任务的高手，但仅仅能够创造效益并不能成为职场发展顺利、升迁迅速的必要条件。相比较做事，会做人能收获更多。

　　我做 HR 的时候，公司有一个业务组的组长很能干，在十多个小组中，他是数一数二的，但是这个人有个坏毛病，那就是脾气急，喜欢在别人说话的时候插嘴。有时候区域经理召集大家开会，区域经理在上面发言，这个小组长从来不等他说完，有什么不明白的就插嘴去问，区域经理虽然不说什么，但是从他的脸色来看，他对这个小组长的行为颇为讨厌。那么这个小组长为他"勤学好问"付出的代价是什么呢？连续 5 年都没能升迁。反观那些懂得做人的，早就已经升职了。甚至一个原来在他手下做事的推销员现今的职位都高过了他。由此可见，能做事可能能够让你保住目前的工作，但能做人才能让你在职场上加薪升职。

新员工进入职场，做人是一个重要的方面。具体可从以下这些角度着手：

第一，从学会尊重人开始。

尊重别人，说起来很简单，我们怎么会不尊重别人呢？更何况身为一个新人，当然对那些老员工和上司甚至其他新员工都要尊重。但是这个大家都明白的道理，到执行起来的时候却又是另一回事。向我们在上面提到的，在领导说话的时候插嘴，就是一种很不尊重人的行为。可能在你面前，这只是礼貌与否的小问题，但是在当事人看来就是你根本不给他面子。

第二，用职业的表情和语言。

进入职场，就尽量让自己变得职业一点，穿着打扮一言一行都尽可能职业化，原先的一些闲散的小毛病尽量改掉。

有些表情给人一种很不好的感觉。我就见过一个女孩子，笑起来的时候嘴巴总是歪向一边，看起来好像很轻蔑，让人感觉很不好。其实后来和这个女孩相熟之后才发现她是一个很谦恭腼腆的女孩。她那样笑是一种习惯，后来我和她说了这个问题之后，她就改过来了。还有一个女孩子，别人跟她说什么事，她总喜欢加一句反问词"是吗?"她自己没觉得什么,但是在别人的感觉里就变成了一种质疑。

第三,态度问题。

多和别人打招呼,笑脸迎人,当然有些时候你的同事在忙,可能不会有心情招呼你或给予积极的反应,你也不必在意。多干些跑腿打杂的小事,这不但可以让你在别人心目中的印象好转,还可以让你在不经意间学到一些别人不会告诉你的东西。

新员工称呼别人也是有讲究的,可能那些老员工们彼此会很随意地称呼对方的昵称或者直接叫全名,但是新员工就不应该这么称呼了。叫上一句"××老师"会给人一种受尊重的感觉,当然对方可能会觉得有些不习惯,让你不要那么叫他,这样说话有可能是他真实的想法,也有可能只是在谦虚。这样的称呼总比"小李"、"老王"之类的要保险一些。

在办公室,新员工要尽量低调一些,少说话,时刻告诉自己只是一个新人,别显露太多。

第四,让离你最近的几个人对你产生好感。

这么说不是完全出自功利,每个人的精力都是有限的,不可能去取悦每个人,最好、最有效的办法就是让距离你最近的几个人对你产生好感。你最经常打交道的人、在空间里离你最近的几个人以及你的上司,都是需要你竭力让他们对你产生好感的对象。因为其他人了解你,往往是从离你最近的几个人开始的。你每天做了什么、说了什么、人品怎样,这些人也比其他人有发言权,所以与其把精力放在努力让每个人都注意你,不如多去结交身边人。同时还要注意,职场没有永远的敌人,也没有永远的朋友,不要向你的同事说工作之外尤其是那些不好的事,把积极的一面留给对方。

职场做人是一门必修课,新员工懂得做人,做事上又不出纰漏,升职加薪就指日可待了。

第三章　信：价值观是最有力量的黏合剂

问自己信不信这家公司的人、使命、价值观，信不信他的未来。假如不信，选择离开。离开不适合自己的公司，是对自己和别人最负责的态度。最讨厌是留在公司拿着钱占着位，毫无建树，天天抱怨，并不相信这公司的人。信不信公司是否是真的做的和说的一样，是否真的在努力实现公司的承诺。当然，也要判断个别和群体。

——马云

第一节　从共同的价值观出发

> 价值观在我们的工作中起到了十分重要的作用，它决定着我们职场发展的目标，也是让我们在职场中持续走下去、愈挫愈勇的意念。

三个人被关进监狱，一个是美国人，一个是法国人，一个是犹太人。在他们进监狱的时候，监狱长让他们每人提出一个要求，他会一一满足他们。美国人喜欢抽雪茄，于是他要了足够多的雪茄。法国人喜欢浪漫，于是他要了一位美女做伴。而犹太人则要了一部可以和外界联络的电话。

三年之后三人都出狱了。美国人大叫着"火！火！"，原来他只要了雪茄却忘记了要火柴，所以在这三年里，他没能抽到一根雪茄。法国人则一手抱着一个小孩子，另一手牵着一个大肚子女人走了出来。犹太人最兴奋，他冲到监狱长的面前向他表示感谢，原来通过这部电话，他遥控指挥自己的生意继续很好地经营了下去。

这是一个流传了许久的故事，我们看故事，会觉得谁谁比较聪明，谁谁比较愚笨，其实，让这三个人重新选择，可能他们依然会坚持原先的选择，当然，他们会附加上让这些选择更完美的条件。其实，做怎样的选择，完全是一个人价值观的体现。如果让浪漫的法国人不选择美女而选择电话，那他估计会很痛苦。职场也是如此，新人选择工作，可以听听别人的意见，但是最关键的，还是根据自己的价值观去选择。

职场价值观，就是你判断工作好坏的标准是什么，需要的是什么，寻找的是什么。

美国心理学家洛克奇在 1973 年发表的《人类价值观的本质》提出了决定人类发展的十三项价值观，分别为：1. 成就感。2. 美感。3. 挑战。4. 健康。5. 收入与财富。6. 独立性。7. 爱、家庭、人际关系。8. 道德感。9. 欢乐。10. 权力。11. 安全感。12. 自我成长。13. 协助他人。

在这十三条中，对你来说最重要的是哪些呢？或者说，如果让你从中找出最重要的三种，你会选择哪些呢？将这三种放在你所选择的工作上，有没有冲突？如果有冲突，哪些是你不可舍弃的？哪些又是你可以随着时间的变化而可能发生改变的？……

求职之前，问问自己这些问题，对你选择工作会很有帮助。

如果一个人觉得健康对自己最重要，那么他就不能去选有一定危险性的工作；如果一个人觉得自我成长对自己最重要，那他就不能选择一成不变、太过稳定的工作；如果一个人觉得安全感对自己很重要，那他就不能选择一个充满变数的工作……反之，即使在别人看来是一份十分完美的工作，在你那里也会变得不完美起来。

这就是我们说找工作要从契合的价值观开始的原因。

当然，如果一个人不能和企业的价值观相契合，在职场上的发展也会受到影响。一个企业，尤其是成功的企业，都有自己的价值观，这个价值观可能是写出来让每个员工加以参考的，也可能是在潜移默化中根植在每个员工的心里的。

2003年，马云在接受《财富人生》节目的访谈时谈及了价值观的问题。他说："维系团队的真正核心是价值观。"为什么这么说？看看唐僧团队就知道了。唐僧带领四个弟子去西天取经，靠着的是唐僧个人的魅力吗？还是唐僧可以给他们发放高额的薪水奖金？当然都不是。唐僧本人迂腐，只懂得念经，除了目标够坚定之外，没有什么拿得出手的本事。但是孙悟空却有着通天的本领，他呼风唤雨，上得天堂，下得地狱，这么一个通天本事的人为什么要千山万水吃遍苦头地跟着唐僧呢？原因很简单，因为他和唐僧有一个共同的目标——西天取经，进而获得一种成就感和自身成长。孙悟空在唐僧团队里能够实现他的价值观，所以他才能在这个团队里待得长久，也最终取得了成就——获得"斗战胜佛"的功业，并取得真经。相反的，孙悟空为什么不能待在天庭过自由自在的弼马温生活呢？也是源于他的价值观没能得到体现。

在阿里巴巴，马云对两种员工最不能容忍：一种是"野狗"一样的人，这种人业绩很好，但是没有价值观；另一种是"小白兔"一样的人，这种人价值观很好，但是不能为公司创造业绩。杀掉小白兔很好理解，一个公司，尤其是一个靠业绩生存的公司，不能创造效益的员工,肯定不能在公司立足。那么为什么连能创造业绩的野狗也被杀掉呢?原因很简单,这种人的业绩虽然很高,但是他做事是不讲究团队精神的,也不讲究服务质量,这样的人一个劲儿追求业绩,但是却伤害了团队,有可能将整个公司的价值观毁坏,所以这样的人也是要坚决剔除出公司的。

从小白兔和野狗不能在阿里巴巴生存,我们就应该明白,团队价值观应该是一个人选择工作的重要参考因素。我们每选择一份工作,考虑的,当然是将这个工作作为一项事业,做得长长久久,做得风生水起。如果企业的价值观和自己很契合,那么你就可以很充实快乐,前景也会很好。相反的,一个企业的价值观和你的价值观是相悖的,那么这个磨合的过程会让你十分痛苦。一个企业不会只有你一个人,不会为了你一个人的看法或不适应而改变,这样勉强下去的结果只有两个,一个是个人价值观屈就企业价值观,那样的人生会很不快乐;另一个是个人与企业价值观抗争,那样的结果可能是你被炒鱿鱼或者难以得到发展。

但是身为职场新人也应该明白,在众多的价值观之中,你要选择一种你必须坚持而不能放弃的,譬如你追求权力,如果你的公司总是有机会让那些有潜力的员工成长并给予足够的权力,那么你就可以坚持下去,至于美感、安全感等因素就要忽略掉。这当然是一个痛苦的抉择,但是世界上从来就没有十全十美的事情,职场也是如此,不可能什么都能称心如意。你要看的,是你的核心价值观能不能得到较好的发展。

当然，某些被我们一直坚持的价值观可能会随着时间的变化而变化，譬如"金钱与财富"，当一个人在职场中达到一定位置的时候，这个因素就可以被忽略掉了。你可以转而选择其他更重要的价值观。

第二节　选择之后，就要坚持

> 选择工作，要根据自己的价值观去选择，如果
> 一个公司可以让你对工作的核心价值观得到体现，
> 那么就应该坚持下去，努力让自己融入其中，实现
> 自己的职场规划和目标。

　　1999 年，蔡崇信从德国飞赴阿里巴巴，想同马云探讨一下投资的问题，但是几番接触下来，蔡崇信的初衷竟然改变了，他对马云说："我想加入阿里巴巴！"

　　马云吓了一跳，当时蔡崇信已经是一家投资公司的高官，年薪75 万美元，折合人民币将近 600 万元！而当时，阿里巴巴的员工每个月的薪水只有 500 元。马云说："我可给不起那么高的薪水，我们这里的员工每月薪水只有 500 元，你要考虑清楚！"

　　蔡崇信郑重地点点头，他不缺钱，缺少的是一个与自己价值观契合且能施展所长的工作。而事实证明，蔡崇信在阿里巴巴的发展史上发挥了极其重要的作用，他为阿里巴巴筹集来了一笔 500万美元的风险投资，也让阿里巴巴从一个家族式作坊变成具有国际风范的大公司。除了得以在职场实现个人价值之外，蔡崇信所

得到的回报也是十分丰厚的，他的威望和财富都达到了一个令人望尘莫及的地步。

除了蔡崇信，还有曾担任雅虎搜索引擎首席设计师的吴炯、担任美国通用电器副总裁的蔡明生等人也纷纷加入阿里巴巴。这么多人为什么愿意放弃优厚待遇来到阿里巴巴，都是为这里的企业价值观所吸引，他们相信在阿里巴巴，能够得到他们一直追求的东西。果不其然，在阿里巴巴，他们的人生价值都得到了很好的提升。

这些在职场已经有所成就的人，之所以选择阿里巴巴，当然不只是为了工资，他们看中的，是梦想，是企业价值观，是个人发展，是成就感……可以说，正是这些人成就了阿里巴巴，也可以说，是阿里巴巴让他们有了今天。

或许在今天，你只是一名新员工，但是未来的你，经过出色的职业规划，很可能会成为一位举足轻重的人物。所以请慎重选择你的每一步，找到一个适合自己的平台。

首先，找自己的工作，不为别人的话所动。

在当今，许多做父母的，都希望自己的孩子能找一个"钱多、事少、离家近"的工作，有没有这样的工作呢？有！靠着关系走捷径，或者有些走运的人，的确可以找到这样的工作。但是如果你已经找到了一个与你价值观相契合的平台，并且你很乐于融入其中的时候，就应该走自己想走的路。当然，你可能会走一些弯路，但是至少你将来不会后悔或者遗憾。和鞋子一样，工作好不好，只有自己最清楚。

第二，工资不能没有，但是找工作不能只看工资。

现在的年轻人功利心很重，去一家企业，首先看的不是自己能不能做好这份工作、在这家企业能不能得到好的发展，也不是看自己的价值观能不能与企业价值观相契合，而是看工资，工资越高越好。当然，在相当一部分人的心目中，金钱与财富是排在第一位的，钱是你在职场最核心的价值观。只有钱才能让你快乐，让你觉得人生有价值。你当然可以坚持，这种坚持会带给你快乐。但是如果你觉得你应该从工作中得到更多，钱不是最重要的，那么就应该另谋他算。

第三，记住你的坚持，忘记那些阻碍。

许多新员工在找工作的时候的确注意到了价值观契合的问题，但是在实际工作中总是会遇到这样或者那样的障碍或者诱惑，迷茫、失落或者蠢蠢欲动，这些情绪可能会让人困扰。面对这些情况，你要明白，什么是你一定要坚持的，什么是你必须要放弃的。你做了什么样的选择不重要，重要的是要学着放弃其他次要的因素，坚持你的核心价值观。

第四，努力爱上自己的工作，乐在工作中。

我见过许多这样的年轻人，上班时间无精打采，做事好像在梦游，效率低下，坐在座位上每隔一段时间不是去倒杯水喝就是去上趟厕所，看着时间等下班。这样的工作，除了能让你拿上一份养家糊口的薪水，还能带给你什么？

肯定会有人说了，工作就是工作，我以付出去收获一份属于自己的薪水，无可非议。但是请你算一笔账，一天时间有 24 小时，睡觉 8 小时，洗脸刷牙吃饭收拾家务等闲杂事宜至少要占据 4 个小时，上下班时间要一两个小时，还剩下 10 个小时，这 10 个小时的时间里有 8 个小时是工作时间，这个时间你都不快乐，那是一个多么大的悲哀啊！为什么不换个角度，将工作当做自己的私事去做，努力在工作中找到乐趣呢？

　　既然选择了，就应该全力以赴，努力爱上自己的工作！

第三节　如果不信,选择离开

> 进入一个企业,首先要能认同企业的价值观,
> 如果不能认同,不如另谋高就。当然,前提你的眼
> 光要看得足够远。

李启铭大学毕业进入一家杂志社工作,这对一个文科毕业生来说,可以算得上是一个很好的开始。工作稳定,收入也不错,专业也对口。李启铭摩拳擦掌,准备大干一场,但真正上班之后他才发现了问题。

这个杂志社成立于20世纪80年代,是针对党政机关发行的刊物,公司从社长到编辑、记者,一水儿的全是中老年人。他们每天的生活极规律,早上8点钟上班,然后做自己的事,一般没有突发新闻,偶尔有一些采访也是事先就通知好的,到了现场怎么采访、采访什么,都是提前准备的。当然这家杂志很讲究实事求是,对每一个细节都抠得很准确,但评论文章不可太尖锐。每天做完了事,如果有时间,可以翻阅一些书籍杂志,到了下班时间就可以离开了。

上班一个月，李启铭就觉得受不了了，这和他想要的工作完全不同，他所希望的，是一个需要别人关注的媒体，每天抢新闻，做采访，在文章里想说什么说什么，关注现实，关注民生。但是很显然，这份清闲的工作并不适合他。于是在仔细考虑了一番之后，李启铭还是选择辞职了。不久之后，他在一家报社找了份工作，这份工作需要经常外出，一个夏天下来，李启铭晒得皮肤黝黑，父母很心疼，抱怨他不该擅自辞了工作去找这么个苦差事。但是李启铭却毫不在意，现在的工作虽然累一点、苦一点，但是他可以在工作中找到成就感，有时候还能帮助别人。这种感觉，很好。

职场上，许多新人和李启铭一样，开始找工作的时候考虑了太多的外在因素，而对这份工作本身并没有一个深刻的认识。待遇好、环境好、工作稳定、难度小……外在因素将工作的意义挤在了一边。其实，为什么人们要考虑这么多外在因素呢？原因无非两点，一是没有自信，一是缺乏责任感——这也是为什么那么多人削尖了脑袋想往政府部门和国企里钻的原因。

其实稳定就真的那么重要吗？未必！就像电影《功夫足球》里一句台词说的一样：每个人心里都有一团燃烧的熊火，杀猪佬也有一个自己的舞蹈梦。是努力追求梦想，实现自己的人生价值？还是守着一份稳定、薪水不错的工作？我们不妨看看阿里巴巴创业十八罗汉之一师昱峰的例子。

1999 年年初，师昱峰还是中央气象台的一名职工，这份工作收入不错，工作稳定，是许多人打着灯笼都找不来的。但是对师昱峰来说,他更喜欢网络技术。在工作之余,师昱峰几乎把所有的时间都投在了网络研究上,还在网上结识了一个名叫吴咏铭的网友,两个人志同道合,相谈甚欢。

没过多久,吴咏铭劝师昱峰和他一起去做网站。师昱峰的心立刻就动了,网络技术正是他真心喜欢的工作,如果能把这个当做事业来做,那真是一件再好不过的事情了。于是在吴咏铭的安排之下,师昱峰见到了马云。他们在北京孔乙己餐厅会面,那次马云和他说了很多,他虽然不是很懂,但是却被马云的激情给深深地吸引了。师昱峰觉得,跟这样的人在一起,人生一定会很精彩,于是回到家之后,师昱峰就把辞职的决定告诉了父母。

老辈子思想的父母拼了命一样地反对,在他们的观念中,浙江是一个出骗子的地方,一个好好的国家机关工作人员干嘛要跑到一个私营企业做一个没有前途的工作!这孩子是疯了吗?师昱峰安慰父母说他只是去看看,但就是这么看一看,师昱峰再也没有回中央气象台,他老老实实地待在了杭州一个民居里,和马云一行二十几人住在 150 平方米的房子里,吃饭,睡觉,办公。这是一段困难的日子,同时也是一段充满希望的日子。大家住在一起,每月拿着 500 块钱的工资,有过争吵,有过哭闹,但是最终还是能和好,因为大家冷静下来之后都会明白大多矛盾都是对事不对人。

师昱峰放弃在中央气象台的工作,当然是要担着大风险的,但是如果让他就这么一天天地待下去,错失一展自己所长的机会,那会更痛苦。

人在职场,最怕的是什么? 不是失去一份薪水,而是在犹犹豫豫间错失了机会,高不成低不就,怎么选都是错。

日本职业规划师安田佳生说过这样的一句话:"选择了什么样的工作,也就选择了什么样的人生。"所以,如果你发觉在目前的工作中无法实现自己的价值观,那么不如离开,给别人一个机会,也给自己一个机会。

第四节　在选择好的路上走下去

> 在职场中,跳槽是常事,跟风也是常事,哪个行业、哪个地方好混就去哪里混,更是常事中的常事。但是结果往往就像狗熊掰玉米一样,丢了西瓜,捡了芝麻,没有人能把什么事情一下子就做好,也没有人做什么都能成功。生活如此,工作也是如此,与其总是在适应变化,不如找准一件事、一条路,然后就坚定不移地走下去。

　　2007 年,马云在与"五年陈"的员工交谈时说了这样一个小故事:孙正义的软银公司成立的时候,因为缺少资金,所以给员工的工资不多,为了弥补这个缺憾,孙正义将公司的股票分出去一些给员工,当然,这些股票都是原始股。一个在软银上班的小女孩也分了一点股票,但是这个女孩很不高兴,这么点股票,不能吃不能花,还不如给加点工资呢!但是作为一家刚刚创建的公司,显然孙正义没有这个能力。这个女孩只好自认倒霉,把股票放在箱子里根本没当一回事。后来过了一年多,软银上市了,这小女孩手里的股票一下子升到了 100 多万美元,大家都发了财了,纷纷把股票套现,去做自己的事业。

但是结果呢,这些人最后没有一个成功的,而那些把股票留在手里、然后一直兢兢业业地工作的人,却大都生活富足,职位也得到了晋升。为什么那些人没有离开软银去做一番大事业呢?不是他们不想,而是他们自认为不足够聪明,相较创业而言,软银的工作环境和价值观都比较适合自己,所以他们愿意一直这样待在公司里。

当然,马云在这里说这个例子不是号召大家不要去创业,他只是想说,一个人每做一个决定尤其是关系重大的决定,都要经过深思熟虑。找好了一个工作之后,就要坚持做下去,不能外界环境稍有变化就坐不住了,非得要跑出去,这种局面是十分危险的。

马云讲这个故事的对象是在公司待够 5 年、也就是在 2002 年之前进公司的老员工,这些老员工的手里都掌握着阿里巴巴的股票,最少的也有 1 万股。也就是说,这些人都是身家超过百万的富翁,为什么这些人能在阿里巴巴得到那么多,不是因为他们比别人聪明,也不是因为他们比别人更勤劳,原因就在于他们在阿里巴巴坚持了 5 年。

这看上去好像有些傻,自己有钱了,干嘛不去做点想做的事情呢?换个工作,或者自己也建一个网站,不好吗?

确实,在很多时候,我们的面前有许多路可以选择,但是前行的路只能选择一条,如果你要选择另一条,那么就要从这条路上走出去,重新再选,重新适应,重新开始,而前景可能往往不会朝着我们期望的方向发展。

在遥远的森林里居住着一群猴子,他们每天太阳升起来的时候会外出觅食玩耍,等到太阳落山的时候就回去睡觉休息,日子很简单,但是猴子们却常常被一个问题所困扰,他们不知道具体的时间,这就让他们在活动的时候很受困扰。后来一只叫猛可的猴子捡到一只手表,他很聪明,很快就发现了手表的用处,于是猛可便根据具体的时间为猴子们制定了作息表。猴子们都很欢喜,他们把猛可当成偶像一样崇拜,经常向他请教时间。没过多久,猛可就靠威望成为新一代的猴王,日子过得好极了。

猛可知道是手表给自己带来了好运,他开始每天都在森林里寻找游客丢失的手表。很快,猛可就有了第二只手表、第三只手表,但是手表越多越好吗?未必。猛可的手里有许多只手表,但是每只手表的时间都不尽相同,他不知道该按照哪个来指挥。每次猴子们来问时间,猛可都是看看这只表,又看看那只表,不知道该怎么回答。结果没多久,猴子们的生活又开始混乱起来,他们很生气,把猛可从猴王的位置上赶下来,重新选出了一个新的猴王,新猴王接收了猛可的所有财产,包括他的那么多只手表。但是这个新猴王也开始困惑了,究竟哪只手表的时间才是准确的呢?

这个故事就是心理学上著名的手表定律,在很多时候,选择多了,诱惑多了,人就不能再坚持原来的观点,当然后来的路可能会更好,但是当人在多条路之间选择的时候,就很容易迷失方向,最终什么都做不成。所以人们常说,一个人没有价值观是十分可怕的,但是有两种或者更多种价值观也是十分可怕的。身处职场,我们要明白,人不能同时有两个目标,也不能同时做两种工作。老人常说,贪多嚼不烂,其实工作也是一样的道理。选择了一条道路,就要坚定地走下去。如果真的到了改变的时候,那也应该是你到达人生另一个阶段——核心价值观发生改变的时候。

第五节　专注，一生只做一件事

> 无论是身处职场，还是自己创业，最理想的局面就是一生只做一件事。把一件事从陌生做到熟悉，到创新，再到改革，事儿做成了，人也就成功了。

1999 年，马云在别人的引荐下会见孙正义，孙正义问他做企业的目标。马云同他分析了当时的形势，认为中国加入世贸组织是必然的趋势，随之带来的变化就是中国的企业走出去，外国的企业走进来，所以他创建阿里巴巴的目的就是顺应这种趋势，帮助中国的企业走出国门，也帮助外国的企业进入中国。当然，所需要帮助的企业都是中小企业和私营企业，大公司是不需要帮助的。

孙正义听了他的话，深有同感，他只用了短短 6 分钟就决定为马云的阿里巴巴投资 2000 万美元！而事实证明，马云一直按照当初他同孙正义所讲的思路在走。经过互联网的冬天、非典的危机，马云做中小企业交易平台的目标一直没变，阿里巴巴也在这个目标的指引下愈走愈勇。

2003 年，孙正义召集所有他投资的公司的经营者们在一起开会,在会上,每个经营者有 5 分钟的发言时间,他们要讲述目前公司的发展状况,并勾勒未来发展前景。马云最后一个发言,在他的话语结束后,孙正义说:"马云,你是在座各位中唯一一个三年前同我说什么现在依然同我说什么的人。"

从创业到发展,再到现在的兴盛,阿里巴巴一直在做一件事,这种专注的精神为阿里巴巴带来的效益也是极大的——从一个居民楼里 18 人团队建立的电子商务网站到全球领先的电子商务平台,阿里巴巴能走到今天,靠的就是一股专注的精神。

在阿里巴巴走过的十几年时光里,质疑声、批判声从来没有停止过,但是马云从来不把那些好像已经研究互联网几十年的专家们的话放在心里,他关注的一直是客户,是员工,以及公司的发展。

房地产火起来的时候,马云没有跟风去做房地产;私人医院火起来的时候,马云也没有去建医院。他一直在做电子商务平台,因为他知道人的精力是有限的,涉足一个自己不熟悉的行业就意味着一切从零开始,不但冒风险,还要付出精力应付。人的精力是有限的,这里付出的多了,投入到阿里巴巴的自然就少了,不如专注在自己想要做的事情上。所以我们最终看到了现在的马云,也看到了进入佳境的阿里巴巴。

身处职场,也是一样的道理。

在职场,最常见的事情就是跳槽换工作,而且其中有不少人是跳槽去了另外一个完全不相干的行业,做自己并不熟悉的工作。这样做,如果是出于个人发展考虑,可能是一次机遇,但是更多的情况只是为外界因素所引诱而做出的不理智选择。一个人的能量和潜力是无穷的，但是精力和时间却是有限的，或许你是个天才，或许你一学就会，但是依然要免不了开始时的磨合，也免不了融入的过程。所以，对身处职场的人来说，专注也是十分重要的。

我曾经结识一个画插画的小女孩，是个挺能干的人，在学校的时候就小有名气，经常有编辑找她画图书插画。但是这个小女孩有一点很不好，功利心太重，总想着画更多的画去赚更多的钱，所以不管什么画只要有钱赚就接来画。本来她最擅长的是儿童插画，后来包括四格漫画、3D背景、LOGO设计、网店配图……什么都做。结果怎样呢？她每天画画的时间超过12个小时，没有时间好好吃饭、睡觉，当然更没有时间去钻研下自己的画工。这么下来，挣的钱是多了，但是问题也来了，有很多时候为了赶图，总是往简单了画，只要能满足对方的最低要求，就绝不多花时间，久而久之，她的客户越来越少了，再看看曾经不如自己的那些同学们，有的在广告公司做到了首席设计的位置，有的已经成了动漫界小有名气的红人，还有的已经在画坛创出了一点小名气，他们都已经跨过了最开始靠体力赚钱的阶段，画的画少了，但是钱却多了，再看这个小女孩，不但没有赚到她梦寐以求的财富，还几乎断了自己的生路，这个教训不可谓不沉重。

零售业的龙头老大沃尔玛只开超市，除了这，什么都不做。美国通用公司资产上万亿，只造汽车和零配件，不造飞机和轮船。还有比尔·盖茨，那么多钱还是一心一意做软件。难道这就是他们成功的门道吗?

　　专注的力量是巨大的,身处职场,你可以选择在一个公司做下去,也可以以经验做跳板找一个更好的平台,但是请尽量专注在一个行业或者一件事上,这才能让人成为一个专业、不可替代的人才! 现在的你,准备好做一个专注的人了吗?

第四章　**思考：我有什么？**
　　　　我要什么？
　　　　我要放弃什么？

假如信了，留下了就仔细想想自己可以为实现这公司的理想和使命做些什么。思考自己留在这个公司里，团队和工作有我和没有我，有什么区别？我到底该如何做好一个优秀的员工？我们欣赏想当将军的士兵，但我坚信一个当不好士兵的人很难成为优秀的将军。

——马云

第一节　做不好士兵的人永远当不了将军

> 马云说:"不想当将军的士兵不是好士兵,但是我认为当不好士兵的人,永远也当不了一个伟大的将军。"新员工入职,踏踏实实做好自己的本分,努力成为一名出色的员工,这是以后事业发展的基础。

1988 年,马云大学毕业,那时候学生毕业了学校还包分配,毕业的学生都是按照国家和学校的安排被分派到国家需要的地方去。和马云同时毕业的同学们大多都是被分配回老家的中学去任教。这其中,马云是比较幸运的,他接到的通知是去杭州电子工业学院任教。

马云不但可以留在杭州这个大城市,还能进大学教书,这真是一个天大的好消息! 他有些不敢相信自己的耳朵。在拿到毕业派遣证之后,院长特意找马云谈话:"马云啊,在这些多毕业生中,分配给你的工作也是数一数二的了,你要珍惜这次机会啊! 别学那些头脑发热动不动就下海的年轻人,你要记住,你肩膀上扛着的是我们杭州师范学院的牌子,希望你能一直这样扛下去,至少在 5 年的时间内不要倒下……"

马云此时心中激动不已,他郑重地点点头。为了守住这个承诺,马云竟然真的潜下心来,做了一名杭州电子工业学院的老师。当然,这中间马云也经历过不少诱惑,一家深圳的企业愿意以每月1200元的月薪聘请他,而在当时,马云一个月的薪水不过89元,也就是说,只要去深圳,他一个月就可以赚到原先一年都赚不到的钱。马云动摇了,但是他想起院长的叮嘱,又拒绝了,他答应了院长就一定要信守承诺。到了1991年,一家海南的企业开出了3600元的月薪邀请他,当时马云的工资才涨到90多元,但是他最终咬咬牙,还是拒绝了。

就这样,马云在杭州电子工业学院踏踏实实教了5年书。在这5年时间里,马云失去了一个又一个机会,但同时他的收获也是巨大的。除了在大学教书,马云偶尔也会去一些夜校做兼职讲师,他的学生们中间,就有不少是做外贸生意的小老板。在和这些小老板们的交流过程中,马云认识到了商人的需求,也积累了一定的人脉资源。在这段时间,他还开办了一间后来杭州数一数二的翻译社——海博翻译社。当然,在这段时间里,马云在杭州电子工业学院的教学工作同样进行得很好,他是学生们最喜爱的马老师,还一度被评为杭州十大杰出青年教师之一。

转眼5年过去了,马云身上的浮躁劲儿彻底消失了,他有了人脉,也掌握了一些国际贸易的知识,同时也兑现了自己对院长的承诺,马云决定辞职创业。在之后的日子里,马云正是靠着在大学教书这段时间磨砺出来的耐性和沉稳一步一步带着团队创立了世界领先的阿里巴巴电子商务平台。

后来,马云担任《赢在中国》嘉宾,两名八零后大学生向马云滔滔不绝地介绍自己的项目,并豪气万丈地说:"如果有人今天给我投资 1000 万,我敢保证明天就可以给他分红,后天就可以赚回另一个 1000 万!"

对此,马云毫不犹疑地对着他们泼了一头冷水:"如果我是你们,在 5 年内,我不会创业,我会找一份工作,踏踏实实地干,然后再说创业的事。"

蛰伏,马云深知自己在这段时间里的收获,他后来的成功,也和这段时间的积累有着密切的关系。人人都想做将军,但是大多数的将军都是从士兵开始的,如果连士兵都做不好,那么即便是有机会成为将军,也不会是一个成功的将军。

许多新员工总是胸怀天下,唯恐不能大展所长,一进公司就同上司提意见,觉得这个人不行,那个规章制度不合理,好像整个公司的人都是吃干饭的,只有他一个人有创意,这样的人到了哪里都不会受欢迎。每一个新人,尤其是那些想要成就一番事业的新人,首先要学着做一名出色的员工。

第一,学会冷静沉着,去掉浮躁。

当今社会充满了太多的机遇,如果没有冷静下来做判断的能力,看到一个机会就去抓,也不管适不适合自己,那注定是要吃大亏的。

第二，学习处理人际关系的能力。

有人说，一个人能不能成功，80％取决于他为人处事的能力和人脉。新员工想要成功先从改善人际关系和积累人脉开始。

第三，在职场经历一些磨难，也经历一些成功。

很多人不能成功，不是因为他们没有创意，也不是因为他们没有机会，而是因为他们在跌倒之后没有爬起来的勇气，所以一个人的一生一定要有些磨砺，换句话说，"有故事的人"更容易获得成功。

第二节　什么样的人不可替代

> 你想在职场无往不利吗？你想成为企业离不开的人吗？不妨从现在开始，努力提升自己的专业水平，让自己成为不可替代的员工。

为什么你的薪水不够高？为什么老板对你的意见不重视？

这些看似不是问题的问题其实都真实地反应出了一个问题：你在公司没有不可替代性。

有一封盛传是马云写给制造业员工的一封信在网上热传，这封信的真伪尚待考证，但是内容却相当真挚。信中给年轻人提出了一个警示，让他们不要沉醉在当前的生活中，而要努力转型，争取做一个职场不可替代的人。这样他们才能逐渐地从靠劳力吃饭转型为靠脑力成功。

日本北海道的生物学家们在观察蚂蚁时曾经观察到这样一个现象：绝大多数蚂蚁都在辛辛苦苦地搬运食物，来来回回地奔波着。可是却有几只懒蚂蚁优哉游哉地东张西望不干活，生物学家在这几只懒蚂蚁身上做了标记，然后将蚂蚁们正在搬运的食物来源移走,蚂蚁们顿时失去了方向,来来往往地四处乱窜。就在这时,那几只懒蚂蚁行动了,它们率领蚁群向着食物的方向出发了——原来它们在东张西望、游手好闲的时候并没有闲着,和搬运食物的蚂蚁不同的是,它们的工作是寻找食物,保证食物来源绵绵不绝。在职场中,我们也总能发现有些人看似没有付出许多、却成为公司不能炒的人,他们的作用和懒蚂蚁在蚁群中的作用十分相似,后来经济学家就将这种现象称为懒蚂蚁效应。

每个企业的存在,都离不开像懒蚂蚁一样的员工,当然像勤快的蚂蚁一样的员工也是不可或缺的。大量勤快员工存在是企业正常运转的前提条件,没有他们,企业的各种指令就没有人执行。但是,懒蚂蚁一样的员工同时也是不可或缺的。一个企业的正常运转,需要一些可以为企业发展观察市场、管理运营、规划前程的员工。两种员工都是企业所必需的,但是说到在职场发展中的前程,还是懒蚂蚁类型的员工更有前途,更具有不可替代性。

说到基辛格的名字,一定有很多人颇有印象,这个人在美国白宫曾占据着十分重要的地位,尽管在其任期内,白宫权力数次交替,总统也换了届,但是基辛格却雷打不动地站在白宫的舞台上。这是什么原因?是他外交工作做得很出色吗?不全然是。是他与总统和议员们的关系很密切吗?也不全然是。基辛格之所以能够在白宫中做得长长久久,乃是因为他涉足了政府多个领域的工作,白宫有许多问题都需要他去解决。所以美国总统可以换届,但是基辛格不可以炒掉,除非他自己想退休。

职场新员工想要获得好的发展,成为不可替代的懒蚂蚁是一个最佳选择。具体可以从以下角度着手:

　　第一,具有较强的能力,在同类型的人才中,你是佼佼者。

　　这是大多数在职场发展得风生水起的员工所走的途径,也是最保险最有可行性的一条。如果你做销售,就要努力做销售冠军;如果你做财务,就要努力将错误减小为零;如果你做软件,那就尽量将软件做得更完美;如果你做管理,那就尽量在保证稳定的情况下锐意进取……无论做什么行业,都要争取做到 No.1,那么不消你说,老板也乐于为你加工资,也会尽力留住你。

　　第二,进入公司管理核心,或者掌握关键技术。

　　马云可不可以炒掉蔡崇信? 当然不可以。蔡崇信作为公司初创人,在阿里巴巴的发展史上发挥了至关重要的作用,其威望也是紧随马云之后。加上蔡崇信本身的才华和持有的股份,他在阿里巴巴的地位是不可撼动的。如果马云炒掉蔡崇信,必然会影响阿里巴巴内部的稳定,阿里巴巴的股票也会下跌。这就是说,当一个人在一个公司里达到一定地位又不至于对老板产生威胁的时候,他就成了不可替代的人。

　　第三,成为上司的得力助手,让他离不开你。

　　无论是在现实生活中还是在工作中,我们总是能够看到在老板的身边跟着一个人,这个人可以是秘书,也可以是倚重的管理层。这些人一般都深得老板信任,所以一般情况下也是不会失业的,发展前景也会很好。一个能够听懂老板话、会做人的员工也是公司不可缺少的,有这样的人,公司才不会变成焖炉,老板的心情才能愉快。

第四,做有前景、具有不可替代性的职业。

一个流水线上的生产工人有不可替代性吗?显然没有。走了一个,还可以找来更多。因为这种工作本身就没有什么技术含量,只要稍加学习,大多数人都能做。所以,如果你不想成为一个薪水低又没有发展前途的员工,就应该努力学习,争取做一种更有前途的工作。

第三节　知道自己的不足之处

> 马云说:"最可怕的不是距离,而是不知道距离。"人一旦没有了清醒的认识,危机也就来了。新人找工作或者入职,首先要明白自己有哪些方面的不足,然后根据自己的情况去找工作或者扬长避短。

《伊索寓言》中有这样一个故事,普罗米修斯改造人类,他为每个人装上两个口袋,一只口袋挂在胸前,装着的是别人的不足;而另一只口袋则挂在背后,装着的是自己的不足。这样的结果是怎样的呢?人一低头就能看见别人的不足,但是自己的缺点却不能被发现。

"认识自己!"这个口号喊了许多年,但是能够真正认识自己的人实在是少之又少。人们总是喜欢把自己的优点无限放大,同时又喜欢把自己的缺点无限缩小,所以很多人不知道自己的不足之处在哪里。狂妄的年轻人无所不在,他们总是幻想能够征服世界,做出一番伟大的事业。但是这个世界从来不缺少梦想,也从来不缺少有才华的人。有才华的人就可以实现梦想吗?其实未必。人无完人，每个人都有自己的缺点，如果一个人不知道自己的不足之处在哪里，那么他注定是要走弯路的。只有知道了自己的缺点和不足，才能正确地认识自己，知道如何在生命的旅程中扬长避短。

马云在一篇演讲中说，现如今阿里巴巴的八零九零后的新员工们都很聪明，绝对比他们当时要聪明。是不是这样呢？的确，在知识大爆炸的年代里，这些新员工们的见闻和知识面都比二十世纪末的马云一行人要多。但是如果单凭这么一句话就自大起来，觉得马云能成的事我也能成，那恐怕就大错特错了。没错，八零九零后的身上有某些东西是马云所没有的，但是时势造英雄，成就马云的时代已经过去，而且在马云身上的一些沉稳、坚强、诚信、谦逊的质素可能也是新员工们所不具备的。所以没有任何一个人可以复制另一个人的神话，自己的路还要自己摸索着前行。新人想要在职场中立足，首先要知道自己的不足。

首先，我们先从求职开始说起。

HR招聘员工的时候，很多时候都会提到这样的一个问题：你觉得自己有什么缺点或者不足之处吗？

这个问题是一定要做出肯定的回答的，如果你说自己没有不足之处或者不知道自己的不足之处在哪里，那么单单是这个问题就会让你出局。人怎么可能没有缺点和不足呢？我想就算是那些行业的佼佼者也不敢说自己没有不足之处吧。我还见过一个最大言不惭的求职者，他对这个问题的答案竟然是：我的缺点就是太完美了！简直是自信过头得有些狂妄了。这样的员工，我想绝大多数老板都不会喜欢的。

当然,在回答自己缺点的时候也要注意避重就轻,为自己找出最完善的解决方案。下面是一些相关的职场案例,或许可以给大家一些启示。

小甲,女孩,23岁,面试的职位是酒店前台。这个女孩在谈到自己不足之处的时候说:"我性格有些内向,但是在熟悉的环境中就会比较放得开。"前台要求善于沟通,礼貌待人。这个女孩似乎不太合乎要求,她更适合文秘、内勤或者会计之类无须较多人际沟通的工作。但是一个人内向也就意味着她做事会比较用心,不会整天和同事聊个没完,擅长处理具体事务。加上她说在熟悉的环境比较放得开,也就是说,在熟悉工作环境之后,会更有耐性做好服务。

小乙,男孩,24岁,面试的职位是文案企划。"我的缺点就是脾气急!"小乙说,"这个我在以后的工作中会注意控制。"脾气急的人大多没有拖延症,效率比较高,是一件好事。但是这样的人在团队里就很可能制造不和谐因素,容易跟同事闹矛盾。但是小乙后面的回答就比较得体,他意识到了自己的不足会造成什么问题。

小丙,男孩,23岁,应聘的职位是营销经理。在谈到自己的不足之处时，小丙说："我自己是个很有主见的人，想做什么就会去做，不会考虑太多外在的因素。"的确，身为营销经理，首先应该是一个有主见、敢于坚持的人，但是同时也应该是一个有经验又能独当一面的人。小丙还是个刚刚走出大学校园的学生，基本没有什么经验，可以从基层的销售做起，列入销售人才储备库，假以时日，方有可能担当重任。

其次，在工作中能够认识自己不足的人才能扬长避短，努力弥补自己的不足。人生就应该是一个不断学习、改善自己的过程，敢于面对自己的缺点并努力改善，是很有必要的。

在管理学上，有个很著名的原理叫做木桶原理。说的就是一个由许多木板组成的木桶，决定木桶盛水多少的，不是最长的那块木板，而是最短的木板。这个原理适用于团队效应，同样也适用于一个人。在很多时候，决定一个人能力和水平的不是他的优点，而是他的不足。如果把木桶向长板倾斜、避开短板又会怎么样呢？这样装的会多一些。人也是一样，在工作中要注意扬长避短，当然有机会修补这个短板是最根本的方法。

第四节　没有我，团队会不会一样？

> 是团队重要还是个人重要？答案是毋庸置疑的。人才是可以再找的，但是一个出色的团队却很难复制。努力工作，与他人通力合作，才能创造更多的效益，团队成功了，个人才能成功。

马云在对员工的演讲中讲了这样一件事，公司有一个员工离开了，去了竞争对手的公司，但是没过多久，就托中间人向马云表示自己很希望能够再回到阿里巴巴，再回到淘宝。因为他跳槽去的公司虽然不错，但是公司内部乌烟瘴气，他在那里待了一阵之后就受不了了，所以想要回来。

事实上，经常有公司想从阿里巴巴挖角，但是马云并不害怕，因为在他看来，这些人只能挖走一个人、一个经理，不能挖走一个团队，只要团队在，就能找到合适的人才替补进去。马云说："团队是挖不走的，如果想要挖走团队，那连我一起挖走吧！"

马云的话很简单，缺了某个人没关系，只要团队在，就无需过分担忧。当然，我们不能忽视人才对团队的作用，优秀的团队也是由一个个出色的人才组成的，大家为了一个共同的目标而努力，在工作中通力配合互补不足。

在马云坐镇的雅虎中国，有一种开放式的面试程序，这种面试是以座谈的方式进行：主考官从简历中初步筛选出合适的人，然后将这些人召集在一起，像开座谈会一样坐在一起，然后给每个人发放考题。考题中包含自我介绍、对雅虎的看法以及在面试成功之后如何开展工作等，然后给他们一定的时间进行准备。准备时间结束，面试人员逐个上台展开演讲，其他面试人员对此进行打分，主考官根据每个员工的得分情况进行整理并确定最终录用名单。这种面试程序的意图就是测试面试人员是否合群、是否善于与人沟通以及能否获得未来同事的好感。如果这些答案都是肯定的，那么这个人就能更好地融入团队。所以，新员工入职，首先要明白，个人的努力和才华很重要，但是和团队中其他人通力合作、实现资源的最优化配置才能创造出更大的效益。

第一，要树立团队合作的观念。

一个人想要在职场中获得成功，一个不能忘却的原则就是必须服从团队，创造 $1+1>2$ 的效益，团队获得了成功，那么分派到每个员工身上的效益也就多了起来，个人也能取得更大的成功。

一只蚂蚁能做什么？恐怕连生存都成问题，但是如果这只蚂蚁加入蚂蚁团队，那就可以生活得很好。一窝蚂蚁数量庞大，分工明确：一只蚁后负责产卵繁殖，工蚁负责运粮觅食以及建造蚁穴，兵蚁负责守护巢穴抵御外敌。每只蚂蚁都有自己的职责，这就是蚂蚁团队，大家分工合作、各司其职、高效协作，进而创造出一个和谐繁荣的小型社会。

第二，一个人的成功少不了别人的支持，一定要感谢团队。

提及迈克尔·乔丹的名字，一定很多人知道，这位已经退役的篮球巨星被许多人视为楷模，但是迈克尔·乔丹却把这些成绩归功于团队。他对采访他的记者说："我只是很幸运地成为了团队的一员，又很幸运地代表大家出来领奖，功劳不是我一个人的……"乔丹是人才吗？当然！他的成绩就是最好的证明，但是同时也应该看到，他的成功与整个团队的协作是分不开的，如果没有得力的拍档，单单凭借个人的力量是绝对不可能创造奇迹的。

第三，个人服从团队，不能有小山头主义，更不能做害群之马，否则最后吃亏的还是自己。

从前有一个人，赶了四匹马去贩货，马的身上装满了货物。在炎炎夏日下，四匹马挥汗如雨，其中一批马很滑头，总是磨磨唧唧地走在后面，一会儿停下来歇歇。主人见它老是停下来，还以为它体力不支，特意将它身上的货物卸下来一些放在其他马匹的身上。这匹马依然装做体力不好的样子，跟在其他马的身后，一边走一边得意。

但是这匹马并没有得意太久，很快，主人来到了一片荒凉的地方，马和人的粮食都不多了。他很发愁，同行的伙计对老板说："为什么不杀掉那头不能干活的马呢？这样我们不但有马肉吃，还可以剩下马粮给其他马匹，而且还可以剥下马皮卖钱！"老板觉得伙计的话很有道理，于是听从了伙计的建议，杀掉了那匹马。

第四,努力做行业佼佼者,营造自己在团队中的可不替代性。

关于这一点我们在前文中已经做过简单的介绍,一个人有了出色的能力,不但可以为团队和自己创造更多的价值,还能确保自己在职场中走得长长久久,发展得更加称心如意。

第五节　你必须放弃些什么

> 人在职场之中,有很多时候,为了更好的前程,为了得到更多,我们必须学会放弃。放弃是一门职场必修课。

人的一生,就是一个旅程,能够带在身上的东西并不多,必须学会哪些是必须坚持的,哪些又是必须放弃的。换言之,人的一生,就是一个选择与放弃的过程。人在职场也是如此,有些东西是我们必须坚持的,同时也有些东西是我们必须放弃的。

首先,关于职业的选择与放弃。

马云大学毕业之后,是数百名毕业生中归宿最好的——他没有被分配到乡下艰苦的环境中去,也没有被分派到繁忙的中学里,而是进了大学。大学是个多好的地方呀,工作轻松,压力又小,福利也不错。教教课,玩一玩,偶尔赚点外快,但是马云最终选择了放弃这种清闲舒适的生活,而踏上了一条创业之路。现在看来,马云的放弃是正确的,但是在当时,人们并不这么认为,大多数人认为马云是个傻子,他不应该放弃在大学教书的工作。没有人可以预测未来,我们并不知道怎样选择是正确的,也不知道哪些东西是应该要放弃的。面对放弃与坚持,我们该做何选择?

从小到大,我们听过了太多关于坚持的话,什么"只要工夫深,铁杵磨成针",什么"坚持下去,人生终将辉煌"。在这些话语的鼓励下,我们披荆斩棘,奋勇向前,努力学习,守望光明,为的就是总有一天实现梦想。但是在走出校园之后,我们总是会发现原来社会和我们想象的并不一样,原来社会上的选择如此之多,而我们曾经的梦想看上去好像有些不切实际。新员工和准新员工们开始迷茫了,未来的路该怎么选呢?我们是不是要放弃当初那些不切实际的梦想呢?

初入职场的新员工,在价值观和思想都还未到足够成熟的时候,首先应该根据自己的性格和天赋去确定自己的道路,然后去选择适合自己的、放弃应该放弃的。就像我们常说的那句谚语一样"只要工夫深,铁杵磨成针",只是工夫深不行,被磨的必须是铁杵。如果拿一根木头去磨,不但不能磨成针,还可能会钻出火来。失之毫厘,谬以千里,判断自己该走哪条路,关键还是要根据自己的性格和天赋去选择。

1910 年诺贝尔化学奖获得者奥托·瓦拉赫以其显赫的成就为世人所敬仰,但是在开始的时候他选择的方向并不是化学,而是文学。奥托·瓦拉赫读中学的时候,是个很勤奋听话的小孩,他的父母想让他去读文学,于是他便去读文学,刻苦而勤奋,但是一个学期之后,老师对他的父母说:"奥托·瓦拉赫是个勤奋的孩子,但是他的特长并不在文学上。"奥托·瓦拉赫和他的父母都颇受打击，后来父母为奥托·瓦拉赫选择了另一条路——学画画，但是奥托·瓦拉赫很显然更没有天赋，一个学期之后，考试成绩出来，奥托·瓦拉赫位列全班倒数第一。难道奥托·瓦拉赫真的是个蠢笨到无可救药的孩子吗？不是！他的化学老师找到奥托·瓦拉赫的父母，劝他们让奥托·瓦拉赫学习化学，因为"这个孩子做事一丝不苟，实事求是的精神很强"。父母听从了化学老师的建议，奥托·瓦拉赫转学化学，事实证明化学老师的眼光很准确。奥托·瓦拉赫放弃了应该放弃的、坚持了应该坚持的，这才有了后来的成绩。

新员工选择职业，也要根据自己的优势去选，放弃自己不适合的行业。

第二，眼光放远，舍得小利，才能赢得未来。

马云号召大家向李嘉诚学习。向李嘉诚学什么呢？学他"永远把钱放在桌子上，跟别人分享"。阿里巴巴上市，马云并没有把所有的股票拿在手中，他自己拥有的股票很少，那剩下的股票去哪里了呢？剩下的股票被他分给了阿里巴巴团队。他的这一举措，为阿里巴巴营造了成百上千的百万、千万甚至亿万富翁。大家都知道"跟着马云有肉吃"，公司是大家的，效益好了收益也是大家的，所以愿意为公司创造更多的效益。

这是一种豪气的做派，也是一种睿智的行为，可惜在职场中，大多数人并没有这样的眼光，他们看得太短。我曾见过不少销售为了一个客户或者一点小小的利益争得面红耳赤。利益不是不重要,但是胸怀如此狭小的人绝对不会拥有广博的人脉。

第三,专注在一件事上,放弃诱惑。

关于这点,我们在上一个章节中已经提到过,一个人或者一个团队都应该有自己的方向,如果什么都做,那什么都做不好。游戏、房地产,基本上进去的人都能赚钱,但是马云并没有进去,他把所有的钱投入到阿里巴巴的运营上,这才有了世界领先的电子商务平台。

第六节　什么是你必须坚持的

> 无论人生还是职场,学会放弃很重要,学会坚持同样也很重要。人在职场,首先要坚持自己的梦想,然后为梦想设置目标远景,同时坚持自己的使命和价值观。

一对兄弟外出旅行,背了两个大包回家,可是不巧的是,走到大楼下面的时候兄弟俩发现大楼停电了,他们只能爬楼梯。兄弟的家在80层高的楼上,可是兄弟两个爬到20层就累得气喘吁吁了,弟弟对哥哥说:"包太重了,不如我们把它们放在这里,等来电了再乘电梯下来取。"哥哥同意了,两个人卸下包袱又开始往前走。走到40楼的时候他们就累得走不动了,哥哥抱怨弟弟不该没看大厦停电通知,弟弟则抱怨哥哥不该非得这个时候赶回来。终于,两个人在吵吵嚷嚷中上到了60楼,两个人已经累得没有力气再吵架了。哥哥说:"我们不要吵了,剩下20层楼,我们爬完它吧!"于是两个人继续爬楼,终于到了80楼,两兄弟高兴极了,可是到了家门口,一掏口袋才发现,原来钥匙被他们放在了20楼的包里。

这个故事其实就反映了我们的一生。在人生开始的头20年里,我们满怀梦想。但是走入社会之后才发觉现实很残酷,于是我们放弃了梦想。到了 40 岁以后,我们为逝去的青春叹息。到了 60 岁,人生已经定型,我们开始懂得珍惜。但是到了生命的终点,我们才发现原来这一生中最大的遗憾就是我们将梦想丢在了 20 岁。

很多时候,我们坚持了不该坚持的、放弃了不应该放弃的,给自己留下了许多遗憾。人在职场,最不能放弃的是什么?是梦想。

2001 年,马云在北京高新技术产业国际周"数字化中国"论坛演讲时说道:"我们的策略不断在变,但有三样东西永不改变。"第一个,是远景目标不变,阿里巴巴的目标是成为世界十大网站,让所有的商人都用阿里巴巴;第二个,是使命不变,让天下没有难做的生意;第三个,是价值观不变,也就是客户第一、团队合作、拥抱变化、诚信、激情、敬业的原则不会变化。在这个基础上,策略是要跟随环境和公司的发展不断变化。

企业经营如此,个人职业规划也是如此,首先确定你的目标远景、使命和价值观。然后以此为中心经营自己的事业,终究有一天,你会得偿所愿。

你的目标远景和使命是什么?首先要问问自己的内心:你想要在职场中达成什么目标,走到什么位置。有了这个目标,我们才不至于在职场中走弯路,我们对工作和生活的热情才会持续下去,每一天都会充满希望,工作和生活都会充满乐趣。

我大学时有一个学弟秦浩,学新闻的,但是他的目标并不是成为一名传媒工作者,而是成为一名成功的企业家。大学毕业之后,秦浩进了一家合资企业做销售人员,在上海,一个月底薪只有 1800元。条件很苦,但是秦浩并没有觉得无法坚持下去,他与同事在郊区合租了一套房子,每个月省吃俭用,勉强够生活开销。后来业绩慢慢好转,经济也宽裕了一些,但是他并没有把挣到的钱用于改善自己的生活上,而是将这些钱用于理财。他自己依然和最开始的时候一样,住在合租的房子里,吃简单的饭菜。在工作上不断发掘销售秘密,并扩充自己的人脉。后来公司上市,秦浩将所有的钱买了公司的股票,成了一个小股东。又过了几年,秦浩找到了一个好项目,于是便同之前结识的几个志同道合的朋友联合起来组建了一个新公司,他卖掉自己的股票,将所有的资金投入到公司的运营之中。生意很快就有了起色,一年之后就盈利 500 多万。虽然这个数目不大,但是对于一个只有 26 岁的年轻人来说,已经是一个了不起的成绩。"这才只是个开始!"秦浩说,"我的计划是 35 岁之前实现公司上市,40 岁之后考虑换种生活方式,将赚到的钱留够生活费,剩下的全部捐出去……"

　　不记得在何处看到过这样一则消息:一所大学做了一个学生发展的调查。在接受调查的数百名学子中,有 30% 左右的人是没有目标的,目标模糊不坚定的有接近 60%,10% 的人有短期目标,而有持久长远目标的人只有 3%。25 年之后,研究者们再次对这些人进行调查,结果发现:3% 有着持久长远目标的人无一例外地都成了各个行业的佼佼者;10% 的有短期目标的人大多在工作上取得了一定的成绩,收入也比较丰厚。而剩下的大多数人都是过着平平凡凡的日子,还有些人生活相当窘迫。为什么智力、学历相差无几的人会有如此大的区别? 个中反映的或许正是远景目标的重要性。

职场新员工一定要敢于拥有的梦想,为自己规划职业远景目标,并坚持下去,这样才能走出一片属于自己的蓝天。

第五章 行动：执行力高于一切

这是最难的。懂道理的人很多，但能坚持按道理办事的人太少。行动是真正说明思想的，行动也是要有结果的。我们是为努力鼓掌，但为结果付费的是公司。

——马云

第一节　不做思想的巨人、行动的矮子

> 世界上为什么有那么多人过着平庸无奇的生活？为什么职场中出色的员工只是极少数？归结到根本上是因为大部分的人都是"晚上想走万条路，白天起来走老路"。创意再好，不行动一切都是镜花水月。新员工想要在职场站稳脚跟、大展宏图，行动最重要。

　　许多新员工进入职场，首先想到的，是这个公司这里不好那里不好，这里需要改进那里需要改进。把大部分的时间用来思考这些几乎和自己毫无关系的问题。结果怎么样呢？真正要做的事情没有做，反倒被这些不是自己职责范围内的事情拖垮了情绪。

　　人有思想没错，但是对新人来说，行动才是最主要的。这个世界上从来不缺少创意和思想，批判的话人人都会说，但是真正有行动力的人却不多。

　　一个穷困潦倒的年轻人每天都去教堂祈祷，而且每次祈祷的内容都是相同的内容：亲爱的上帝啊，请您看在我这么多年来对您虔诚祷告的份上赐给我一次彩票中奖的机会吧！

这个年轻人一连祈祷了很多天,依然穷困潦倒。直到有一天,这个年轻人实在是穷得受不了了,他跪在教堂里向上帝祈祷:为什么我这么多天的恳求都得不到您的回报呢?求求您,让我中一次彩票吧,我不求多,只有一次就好啊!

　　就在这时候,圣坛上空突然传来了上帝无奈的声音:我一直都听到了你的祷告,也很想保佑你,可是,你至少先买一张彩票,我才能保佑你中奖啊!

　　在现实生活中,我们总是会冒出许多好点子,但是真正把这些点子付诸行动的时候却极少。梦想成功的人很多,但是将梦想付诸行动的人却很少。真正的成功者,都是敢于将梦想实践的人。

　　1999 年,马云和他的团队组建了阿里巴巴。但是阿里巴巴想要成长起来,单单靠他们几个人的力量是远远不够的。马云知道,阿里巴巴最要紧的任务有三个:第一,吸引会员,第二,吸引人才,第三,吸引资金。想要将这三个目标实现,必须先从扩大阿里巴巴的影响开始。于是从 1999 年到 2000 年的这段时间里,马云成了名副其实的空中飞人,他不断到世界各地去参加商业论坛,并发表演讲,靠着一张伶牙俐齿将阿里巴巴宣扬了出去。最多的时候,马云在一个星期内去了 7 个国家,他一直在演讲。靠着行动,马云吸引来了投资,吸引来了人才,也吸引来了客户。

　　在马云努力的同时,他的团队们也在疯狂地工作着,他们在杭州湖畔花园的出租屋里日复一日地忙碌着,每天工作十六七个小时,为的就是将阿里巴巴网站设计到最好。

在这一时期，"你们立刻、现在、马上去做！立刻！现在！马上！"成了马云的口头禅，有了什么好的创意，就要马上去做出来，执行远比理念更重要。

正是靠着行动，马云带领阿里巴巴走出了初创期和非典，并很快实现了盈利。我们再来看看阿里巴巴的团队，初创的 18 人中，除了蔡崇信，全是土生土长的中国人，这样的人在中国，一抓就是一大把，马云说："我们这些平凡的人在一起就要做出一件不平凡的事。"跨国公司的副总裁、国外名校的 MBA，这些人才都在阿里巴巴待过一段时间，但是他们喜欢讲策划、讲预算、讲思路，执行力几乎没有，最终成就阿里巴巴事业的，还是那些看似最平凡的普通人。

无论是做领导还是做普通员工，到什么时候，执行力都是最重要的。职场新员工，不要提创意，脚踏实地地行动比什么都重要。那么怎么提高自己的执行力呢？下面的一些方法或许会对新员工有所帮助。

第一，从执行待办清单开始。

将一天、一星期或者一月内要做的事情列成一个待办清单，然后每天按照清单上的事项行动。这样做可以让你一目了然地看清每天要做的事情，将需要解决的事情逐个完成，不至于眉毛胡子一把抓，最后什么都没做好。

第二，将执行清单上的待办事宜以轻重缓急标示出来，并按照事情的紧急、重要程度执行。

当然,在这个过程中最容易遇到的情况就是我们总希望能逃避掉最难解决的事情,这时候就要靠理智去战胜情感了。当然,你可以把这段最难做最消耗时间的工作分成一段一段来做,每做完一段,就去做一件简单的事情当做放松。

　　第三,将复杂的事情分解成一个个小目标逐个突破。

　　这样伴随着小目标的完成,你的成就感会提高许多。复杂的工作也会在不知不觉之间完成。

第二节　把激情带到工作中

> 带着激情去工作，困难会减少，快乐会增多，你的工作也会越来越顺利。

"一个人成功的因素很多，而属于这些因素之首的就是激情。没有它，不论你有什么能力，都发挥不出来。"

这句话源自于励志大师卡耐基。

在卡耐基看来，激情是一种巨大的力量，它可以支撑一个人发挥潜能，去完成一项十分复杂的庞大任务，进而获得人生的成功。激情也是一种感染力，一个拥有激情的人不但会让自己生活得开心又充满希望，还可以感染身边的人，让人际关系更融洽，让客户更愿意信任你。

西点军校教官戴维·格立森也说："如果你想获得这个世界上最大的成功，那么你必须拥有过去那些最伟大的开拓者将梦想化为现实的全部激情，唯有如此，才能展示和发展自己的才华！"

1999 年，在杭州湖畔花园小区的一栋居民楼里，留着一头长发的马云对着包括马云妻子张瑛、朋友、同事、学生等 17 人说了一番慷慨激昂的话：

> 我们要做这个世界上最伟大的互联网公司，B2B 模式必将改变全世界几千万商人的交易方式，世界上不再有难做的生意，现在我们可能每个月只能拿到 500 元的工资，生活会很苦，打不起车，但是我们的前途是光明的，一旦成功，我们无需再为经济担心……

演讲中的马云激情盎然，手舞足蹈，还将整个演讲过程拍摄了下来。因为他坚信，他们一定会成功，这份影像记录必然意义重大。经历过若干挫折的马云依然对创业充满了激情，他一想起自己的目标就觉得浑身充满了力量。

正是靠着这股激情，马云投入疯狂的工作中，许多人被他的激情感染，这其中包括他的伙伴们、投资商们还有客户们。后来马云还将激情列入阿里巴巴六大价值观之中，鼓励阿里的员工们要保持工作的激情，有激情，心中就会充满希望，更能感染别人，也才能做出成绩。

但是在我们的身边，经常会看到一些这样的人：他们总是踩着点工作，踩着点下班，做起事来拖拖拉拉，面对客户强颜欢笑，脸上总是写着一脸疲倦，他们没有激情，他们得过且过，他们总想着跳出去找个薪水待遇更好的工作，他们对目前的工作几乎全不上心。是他们真的完全没有激情了吗？其实也不是，下班之后，激情就会回到他们的生活,约会、唱歌、逛街、看电影,激情在他们的身上复苏了!这样的人在职场中能成功吗?我觉得一定不会。一个人做的事情连自己都没有热情,他又凭什么可以打动老板,又凭什么升职加薪?凭资历吗?我经常看到一些人一边抱怨现在的工作,一边为未来苦恼,是他们真的怀才不遇吗?我想主要的原因还是在他们自己身上,一个人的悲剧不能怨社会,真要埋怨,就埋怨自己吧!所以在这里,我奉劝新员工们:如果你决心在这一行里做下去,就拿出你的激情来,把工作做到最好,用激情带动自己也感染别人。这样你会发现,其实工作并没有你想象的那样糟糕。有一句话说得好:态度决定人生,用激情来锻造你的事业,未来才能精彩,成功才能降临。一个浑身充满激情与希望的人,总是可以在工作中挥洒自己的激情,在他们的眼中,从来没有什么事情是因为太小而不值得去做好的,也没有什么事情是因为太难而做不好的。无论是此刻身处什么位置,无论你是一名成功者还是一名新员工,只要将激情带入你的工作,你的人生一定会步入另一种境界。

李泽是一家大公司的新员工,同事们给他取了个外号"八颗牙",因为他总是微笑着的,恰巧露出八颗牙齿。作为一名新员工,李泽经常为同事们斟茶倒水、复印打字,甚至和他同时进公司的人请他帮忙,他都会乐呵呵地去做。

转正之后,李泽成了一名销售,第二年,老板为每个员工下达了 200 万元的任务指标,而在之前一年的任务指标是 100 万,大家都觉得这是一个不可能完成的任务,于是纷纷抱怨老板的不明事理,还有人扬言要"炒老板鱿鱼"。但是李泽什么都没有说,他依然乐呵呵地去拜访客户,乐呵呵地与同事交流。终于,在秋天走进尾声的时候,李泽完成了 200 万的销售额。而这时候,包括部门金牌销售在内的所有人都还没有完成任务。不堪重负的销售经理最终选择了辞职,老板立刻任命李泽为新任销售经理。李泽依然笑呵呵里帮助大家,这时候大家才发现,原来李泽一直都是早出晚归,把所有的心思都放在了工作上。大家很惊奇,李泽怎么会如此拼搏,难道他不觉得累吗?李泽知道了大家的疑惑,他乐呵呵地说:"不累啊,我很喜欢我的工作,身上有使不完的劲儿,每完成一个任务,我的身上就会被快乐和激情充满,这种感觉很好……"

同事们都被感染了,在接下来的时间里跟着李泽疯狂工作,终于在新年钟声敲响之前完成了销售任务。再后来,李泽被老板提升为公司的销售总监、总经理,他的事业和收入都达到了巅峰。

拥有激情,你的能力就会被激发出来;拥有激情,你可以在职场中无往不利。用激情锻造人生,人生终将精彩!

第三节　设身处地为客户着想

> 马云说:"必须为客户创造价值,对客户有用!"
> 无论做任何工作,最终的服务对象都是客户,有客
> 户,公司才能盈利,个人才能得到发展。所以,设身
> 处地地为客户着想是最重要的。

在阿里巴巴,"客户第一,员工第二,股东第三",这一直挂在马
云的嘴边,他在一次对员工的演讲中这样说道:"我们为什么要创
造阿里巴巴? 我们不是要自己产生百万富翁,而是要帮助我们的
客户成为百万富翁。我们坚持客户第一,只有让客户成功,阿里才
会成功。阿里不是为利润活着,只有让客户成为百万富翁千万富
翁,然后我们自己才会有利润。"

在组建阿里巴巴网站的时候,曾有员工提出要让阿里巴巴成
为一个紧跟时代潮流的"酷"网站,但是马云却提出了反对意见,他
对负责网站设计的员工说:"不要追求酷,一定要是有用的。"什么
是有用? 让客户一眼就能看明白,立刻就能上手,马上就能用,这
才最好的网站。只有客户会用、喜欢用,这才是根本,其他的都不
重要。

作为一名企业家,马云清醒地看到了公司发展的根源所在——只有客户成功,阿里巴巴才会成功。所以,这么多年来,阿里巴巴一直在迅猛地发展中,因为他们让客户通过阿里巴巴赚到了钱,客户赚钱了,加大在阿里巴巴的投入,阿里巴巴才能赚钱。

新员工在职场,就要学习马云的这种精神。无论你身在哪一行、做的是什么工作,最根本的服务对象还是客户,客户喜欢才是根本。所以我们做什么事情,首先要从顾客的角度出发,他们喜欢什么?他们想要什么?怎样才能让客户的满意?做每一件事情之前,先问问自己这些问题。

掌握了这个大原则,接下来就是具体实践的问题。

设身处地为客户着想,努力为客户创造效益,说起来很简单,但是真正做起来,就不是那么简单的事情了。以专业的销售人员来说,你必须面对许多会提出不合理要求的客户,要应对来自竞争对手的竞争,上班要提前,下班要加班,把大量的时间用于满足客户需求和维护老客户上。身上的压力不可谓不重,每天面对的挑战不可谓不多,那么我们该怎么应对这些压力和挑战呢?又该怎样去更好地提升客户的满意度呢?

第一,你要拿出自己的所有热情去面对客户,尊重客户并关注客户需求。

俗话说,顾客是上帝。对于工作在第一线的员工来说,这点尤其重要。我们在许多公司都能发现这样一个职场规则:微笑服务。为什么要微笑?因为微笑会给人一种放松的感觉,让人舒服,人舒服了就会愿意听别人的讲话、接受别人的建议。可惜很多人并不能做到这一点，尤其是新员工，他们控制自己情绪的能力相对较差，在面对客户的时候，很容易将自己的坏情绪带到客户面前。我曾见过一个销售员，因为和男朋友分手整天垂头丧气，结果将这种坏情绪带到了和顾客交流的过程，她整个下午拉长个脸，搞得客户莫名其妙。后来，这个女孩还因为合约与顾客发生了一点口角，大大影响了公司的形象，经理很生气，差点把她开除。该怪谁呢？只能怪她自己。如果这个女孩能够设身处地地站在顾客的角度来想想，她愿意花钱找气受吗？当然不愿意，自己都不愿意的事情又怎么可以让别人喜欢得起来呢？所以面对客户的时候首先要有一个好的态度。

第二，了解客户需求，帮助客户解决问题。

世界上的买卖，应该是双方互利互惠的，双赢的生意才能做得长长久久，所以大家在面对客户之前，首先应该了解客户需求，把可能遇到的问题尽可能考虑周全，帮助顾客解决问题才是最主要的。世界上没有无缘无故的爱与恨，也不会有人闲得要丢钱出来玩。每一个客户购买产品或者服务都是想要解决问题或者换取某种回报的，我们在保证好的服务态度的前提下也要以为顾客解决问题为中心，能为顾客解决问题，他才愿意购买产品。在这里，新员工最容易犯的一个错误是什么呢？就是太过急功近利。因为很多人的收入是和产品销售挂钩的，所以他和顾客接触的时候就想着怎么把产品卖出去，获得佣金。带着这种观念去做销售的人，失败的几率是很高的。太过重视结果，就会在与客户交流的时候不自觉地表现出来，你把中心放在说服他去购买产品上，却忽略了为顾客提供帮助的一面，那么这样的推销几乎是注定会失败的。

第三，为顾客提供优质个性化的服务。

凡是有利可图的行业，总会有竞争者。同样的产品，顾客为什么要买你的不买别人的？在这时候，优质而个性化的服务就可以发挥效用了。

毋庸置疑，在说服顾客购买产品的时候，销售员的服务都是优质而高效的，但是在顾客购买之后依然可以提供优质服务就不那么容易了。很多时候，顾客的流失不是因为产品不好，而是后期服务跟不上。想要抓住客户，除了提供优质而持久的服务之外，还要尽量利用自身或者公司的资源来为顾客提供个性化的服务。

做销售如此，做其他工作也是如此，我们的产品终归是要被消费者所购买的，所以，做什么事都要先想想顾客，然后反诸自身。唯有如此，才能为公司带来长久的效益，个人也才能得到更好的发展。

第四节　遇到挫折敢于面对

> 新员工在职场,问题是不可避免的,挫折也是不可回避的。挫折和问题都不可怕,职场中的成长正是从吸取挫折带来的经验教训开始的。

1995 年,马云开始了他互联网生涯的第一次创业——中国黄页。在当时,中国的互联网事业还处于起步阶段,中国黄页发展十分缓慢,马云遇到的最大障碍就是没有人相信他们。后来在他们的坚持之下,事业终于有所起色,但是外经贸部向马云发出了邀请,就这样,马云将中国黄页出售,带着伙伴们去了北京。在北京,他们为外经贸部创建了网站,扩大了影响,但是马云越来越觉得北京的生活并不是自己想要的,他想要自己创业。而这时候他们并没有多少钱,做了 4 年的互联网,若要从头再来,这是一个很难的抉择。

马云对他的伙伴们说:"我带你们来了北京,但我要回去,我想告诉你们的是,第一,你们可以留在北京,可以加入新浪,可以加入雅虎,我可以打电话推荐,应该问题不大,工资会非常高;第二,你们可以留在北京大机关里工作,会很稳定,工资也不错;第三,你们可以跟我回去创业,每人的月工资是 500 元人民币。你们跟我创业,10 个月内没有休息日,回到杭州后,我们上班的办公室只能在我家里,我们租不起办公室,每个人租的住房离公司只需 5 分钟步行,你们打不起出租车,会很穷,10 个月后如果失败了,我们再各奔东西,如果没失败,我们就继续往前走,你们认真考虑 3 天,如果决定了告诉我……"伙伴们考虑了 3 分钟就回来找马云了——他们要和马云一起回杭州重新开始。

临走的时候,马云带着伙伴们去了长城一趟,这是他们来到北京 14 个月第一次来长城,在长城上,大家唱起了《真心英雄》,唱着唱着就有人哭了,为什么会这样?为什么他们背井离乡这么长时间辛辛苦苦地工作却毫无收获,一切都要从头再来?这个打击未免太大了。但是在哭过之后,他们依然跟着马云回去了,每个人将身上的钱全都拿出来,凑够了 50 万,这就是阿里巴巴的启动资金。从那时候开始,他们继续热情地全身心投入工作,这才有了后来的阿里巴巴王国。

马云吃过苦头,走过弯路,但是挫折并没有让他意志消沉,相反的,他在这些失败和挫折中吸取经验和教训,最终获得了成功。人生遍布荆棘,没有人可以一帆风顺,遭遇挫折和困难,应该毫不犹豫地站起来,然后微笑着,前行。

新员工在职场,相较那些老员工而言,更容易犯错误,也更容易遇到挫折。遇到这种情况,我们也要像马云一样,勇敢地面对困难和挫折,可以哭,但是不能失去前行的勇气。说起来好像很简单,但是做起来却又是另一回事。新员工遇到挫折该怎么处理呢?

首先,让自己从坏情绪中走出来。我们可以看看那些成功人士的励志故事,看看他们是怎样从挫折中走出来并进一步获得成功的,用他们的精神鼓励自己,把挫折当做锻炼意志的机会。现今的大学生大多为草莓族,一捏就碎,意志薄弱得遇到一点小事就一蹶不振。其实,事情远远没有那么糟。职场遇到挫折,可以找一个比自己年长或者有经验的人倾诉,一方面新员工在倾诉中可以让自己的消极情绪加以排解,另一方面倾诉对象的开解和劝慰也会给新员工新的动力和勇气。

第二,不如意的时候看看别人。遇到挫折,许多新员工就会把自己与电视剧中的一些悲剧主角联系在一起,觉得自己太惨了,命太苦了! 其实,仔细冷静下来想一想,你真的命苦吗? 这个世界上比你命苦的人太多了。你觉得苦不是因为你真的苦,而是你从来没有吃过苦。如果你真的觉得自己的自信受到了打击,就去想想自己的优势和已经取得的成就,以优势和成就冲击挫败感。

第三,过去的就让它过去,重要的是将来。事情已经发生,再后悔已经没有任何意义,就如心理学上的沉没成本一样,不要为打翻的牛奶哭啼,而是要从挫折失败中总结经验教训,避免以后再犯同样的错误。

第四,如果你发觉自己遇到的挫折无法避免、犯下的错误以后还会再犯、且基本没有改善的可能,那就要重新审视一下自己的远景目标是不是可行。年轻人在价值观不成熟的时候是很容易走错路的,越早发现就越少浪费时间。重新对自己的职业生涯做一下规划,在职场上才能走得更好。其实更多的年轻人根本就没有目标可言,他们认为找工作就是混口饭吃,机遇是砸在头上的馅饼,所以这样的人遇到挫折时抗压能力更差,更需要规划职业生涯,设立远景目标。

职场新人遭遇挫折是在所难免的,挫折不可怕,可怕的是失去前行的勇气。

第五节　没有结果的行动,等于没有行动

> 马云说:"我们是为过程喝彩,为结果付费的公司。"市场经济不相信眼泪,任何人都应该明白,越是在发达的社会里,人们越是重视结果。过程不重要,重要的是结果。

在职场,我们总是能够发现一些老员工,许多和他同时进公司的人早已有所成就,而他却依然十多年如一日地做着最简单的工作,得不到晋升的机会。是他没有好好工作吗?其实也不是啊,他和大家一样每天朝九晚五,有时候还会加加班,比一般员工还要努力,但是为什么不能升职加薪呢?是老板和他有仇吗?

当然不是!

一个人在职场发展受阻,除了极少部分的外界因素之外,更多的来自于自身。所以,在你想要抱怨自己辛辛苦苦工作却得不到上司赏识、努力加班却得不到升职加薪的机会时,不如问自己一些问题,譬如你在自己的工作岗位上做出成绩了吗?

曹宇凡大学毕业之后进入一家商贸公司工作,可是整整工作了一年,曹宇凡依然拿着最低的工资,而和他同时进公司的两个同

学都已经升了职加了薪。曹宇凡很生气,他在网上对一个聊得来的师兄说:"公司真是太令人生气了,老板这么久都不给我加薪水,还让我做最简单的工作,简直是太过分了!哼!等我找到一份新工作,立刻炒他鱿鱼!"

师兄问他:"你把公司的贸易流程掌握了吗?手上有没有客户资源?关于商贸,你有自己独特的见解吗?"

曹宇凡想了想,说道:"还没有!"

"那为什么不去把公司运营的这些事情搞清楚再走呢?"师兄说,"你掌握了流程,结识了客户,掌握了技巧,这才是你跳槽的资本啊……"

曹宇凡觉得师兄的话很有道理,是啊,如果自己就这样贸然离开,不但老板不会受什么损失,还对自己的职业发展没有帮助,不如就按照师兄的说法去做。

打定了主意之后,曹宇凡的工作状态立刻大改观,他不再在上班的时候聊天玩游戏,也不再趁上司不在的时候偷懒,开始勤快起来。做好自己的工作外,还经常帮同事忙,当然他做这一切的目的就是增加自己跳槽的资本。为了与客户打好关系,曹宇凡还经常在下班之后约客户聊天联络感情。

慢慢地,曹宇凡发现自己在公司的地位开始变化了,同事们看他的眼光也不同了。不久,老板给他涨了薪水,还把一个小组的销售人员交给他管理。曹宇凡深受鼓舞,后来他和师兄聊天的时候又说到了跳槽的事情。

这样的员工,马云爱

"你现在准备得怎么样了？准备炒老板鱿鱼了吗?"师兄问。

"我不准备跳槽了!"曹宇凡说,"现在老板对我很好,不但加了我的薪水,还升了我的职位,就连以前那些不怎么搭理我的同事们这会儿对我的态度也大大改观了……"

其实很多时候,我们总是抱怨老板抠门不近人情,不赏识自己,抱怨的时候从来没有想想问题可能发生在自己身上。

许多新员工在进入职场之后,尽管很忙碌却很少创造效益,企业的老板是看效益为员工发放薪水的,你不能创造效益,当然理所应当地不受重视,不能升职加薪,这怨不得别人,只能怨你自己。新员工想要在职场上风生水起,就要全身心投入工作,力求不断精进。

职场之中,我们经常能看到许多像蚂蚁一样忙碌的员工,他们每天从早忙到晚,有时候甚至要加班,如此努力创造的效益却是有限的。你如果说他们没有好好工作,他们肯定会觉得委屈。但是如果他们好好工作了,为什么创造的效益还不如那些准时下班的员工呢?

归结到根本上,还是一个效率的问题。为什么有些人效率不高？不是因为他们的能力不够,而是因为他们只是把工作当做养家糊口的工具,而不是自己喜欢的事业,所以他们做起事情来并不能全身心投入其中。

一个总裁告诉他的助理:"我明天要和一名阿拉伯裔客户谈判,你整理一下合作资料。"

助理答应，着手准备。

第二天，总裁带着助理同客人会面，谁知谈判进行得并不顺利，临近午餐的时候双方还在为最后的利益博弈。

助理圆场道："时间已经不早了，不如我们吃了饭再谈？"

总裁和客户都同意，在助理的安排下，总裁和客户乘车到了一家阿拉伯餐厅。客户立刻眼前一亮，饭菜端上来，几乎全是来自客户家乡的美食。客户品尝着美味的菜肴，心情顿时好了许多。

这时候助理又开始和客户聊起了这些美食，并在不经意间提及总裁希望与之合作的殷殷盛情。客户心情愉悦，很快答应让一步，同总裁签订了合作协议。

这个助理，就是杰夫·贝索斯，在老板让他整理资料的时候，他也顺便查了一下客户的资料，并了解了一些相关的民俗文化，还打探清楚附近的阿拉伯餐厅状况。正是靠着这些信息，杰夫·贝索斯赢得了客户的心。总裁没有吩咐的事情也去做了，因为杰夫·贝索斯心中所想的是将事情做成功。而这，正是许多员工缺少的东西。后来杰夫·贝索斯成了这家公司最年轻的副总裁，再后来他还自己创办了全球领先的亚马逊购物平台，成了一个不折不扣的成功人士。

职场之中，就如马云所说，没有结果的行动，就等于没有行动。所以，新员工不但要会做事，还要会有效率、有结果地做事。

第六章　**分享：别抱怨，**
　　　　　和大家一起分享

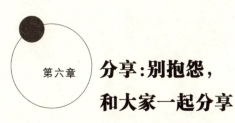

经过看、信、思考和行动后，观点才真正珍贵。观点必须和同事分享，有些发泄性的批判，除了让人不高兴外，其他意义不大。我们期待的是分享性批判。

——马云

第一节　初来乍到，别着急批判

> 马云说："进入我们这公司以后，必须要认同我们的文化，认同我们的理想。"如果一个员工不能接受企业文化，那么必然会在工作中产生负面情绪，不但自己做不好工作，还会影响到周围的员工。新员工入职，首先是融入公司，认同企业文化，而不是批判。

2007 年，马云回母校杭州师范大学为即将毕业的学弟学妹们做演讲，他在演讲中说，许多年轻人一上班就是不停地对新公司进行批判，这也不好，那也不对，这个公司不行，待在这里很没意思……既然这么没意思、这么不好，为什么你不离开呢？这样的人，待在公司里，不但自己能够创造的效益有限，而且对其他员工的影响也是很不好的。

其实，为什么喜欢批判的都是那些新员工而不是老员工呢？原因很简单，因为新员工刚刚从校园里走出来，还没有实现从学生到职业人士的角色转换，心理上很自然会对外界环境产生抵触。加上许多新员工从小泡在蜜罐里长大，几乎没有经历过什么大的挫折和磨难，社会经验也很少，所以在进入公司之后很容易对所在公司的状况产生不好的感觉，批判也就成了一种必然。

有的抱怨自己被老板盘剥，为公司赚那么多钱，可是老板却只给自己一点点的佣金；有的抱怨老板狗眼看人低，最喜欢那些溜须拍马的人，像自己这种默默为公司做贡献的人却得不到重用；有的人则抱怨公司制度设置得不合理，像自己这种没背景的人没有机会升职加薪；有的抱怨公司分配制度不合理，同样的业绩，得到的报酬却是不相同的……总之观点就是一个，这个公司有问题，有大大的问题！

公司有问题，几乎是必然的。任何一间公司都是不可能完美的。俗话说，有人的地方就有争议、有不平、有贫富之分，公司就是一个小型的社会，当然也存在这些问题。而且对于新员工来说，受到不公平待遇那是必然的事情，没有人一入职场就被委以重任，从底层做起，是一个磨炼的过程，也是一个学习的机会。但是新员工大多心比天高，总觉得自己是旷世奇才，若得不到重用，那就是公司的问题。岂不知，高薪厚职都是建立在日常的认真工作的基础之上的，新员工一没有工作经验，二没有业绩，凭什么要公司重视你？即便公司管理确有不合理之处，也与你无关。每间公司都有其长期以来形成的习惯、流程、人员相处模式，这里面当然会有不合理的地方，但是任何一项制度只要利大于弊，就是正确的、合理的，这也是一种企业文化。一个新员工，要学着熟悉这些制度，融入其中，而不是抱怨和批判。批判能给你带来什么呢？除了一时的嘴皮子痛快之外,什么都没有。相反的,你失去的是一种工作的激情和良好的心态。

一对夫妻经过甜蜜的恋爱之后步入婚姻,但是他们很快就受不了对方的那些毛病,男的嫌女的身材臃肿、做事懒散兼不会做饭,女的则嫌男的赚钱太少、事情太多兼有香港脚,总之两个人整天都在互相抱怨争吵中度过,日子过得很不开心,两个人的坏情绪还影响到他们的工作。最后实在没办法了,两个人就去看心理医生。在心理医生的面前,夫妻两个再一次把对方批评得体无完肤。心理学家静静地听完两个人的倾诉,只问了他们一句话:"难道你们当初选择和对方结婚就是为了拼命找出对方的缺点来批判吗?"两夫妻面面相觑,顿时无语。

这句话我们也可以用在工作上,难道你找这份工作就是试图找出公司的缺点来批判它吗?为什么你不把时间用在学习和提高自己的工作技能上并努力融入公司呢?抱怨批判除了让你损失掉时间和好心情,对你毫无帮助。

面对工作和公司,如果你也心存抱怨和批判,那么就要努力去调适自己的心态,让自己以积极乐观的态度去面对。

第一,清楚地认识批判和抱怨会给你带来什么,又会让你失去什么。

毋庸置疑,批判和抱怨会让你心中的抑郁得到疏解,排除情绪垃圾,同时把一切过失都推在别人身上的感觉的确不错。但是这样做的危害就是随着你的批判抱怨,你的心也会被这些抱怨所蒙蔽，遇到什么挫折困难总是在别人身上找原因。老板弱智、同事无能、客户无理，总之只有你是对的，有这种认识，你永远不能进步。更糟糕的是，这些批判抱怨会让你陷入可悲的恶性循环之中：你越是抱怨，就越觉得自己不幸，世界太不公平，怨天尤人，吸引力法则则会为你带来更多的麻烦。除了这些，你的抱怨可能会被当事人听到，这对你的职场之路毫无帮助。

工作这么差，那你为什么不换工作呢？世界这么不公平，你为什么不移民到火星上呢？什么？你说你不能？既然不能，那这么多的抱怨和批判又有什么意义？

第二，其实你可以不抱怨。

有人说过这样一句话："你对生活笑，生活就会对你笑。"用积极的态度去面对生活，你的生活就是美好的。用积极的态度去处理工作，你的工作就会是顺利的。在这个世界上，每个人都是独特的，都有自己的性格和价值观，我们不能改变别人也不能改变环境，我们唯一能做的就是改变自己。不要批判，不要抱怨，努力工作，努力提升自己的能力。别人犯了错，那是别人的事，他早晚会为自己犯下的错误埋单。生气、愤怒、批判、抱怨就是用别人的错误来惩罚自己，你会很不快乐，所以，你需要做的，是忽视不完美，把自己的精力放在工作中。

第三，想批判，先找出自己的不足。

为什么我们会看到那么多的不完美？为什么我们得不到老板的重视？为什么客户会给我们脸色看？这一切的一切，都应该从我们自己身上找原因。俗话说,水至清则无鱼,人至察则无徒。生活和工作中是需要一些不完美存在的,总是将目光放在这些不完美上面,你必然会很不快乐。新员工想要得到老板的重视,首先要创造业绩,学会做事,学会做人。如果你是一个能够为老板创造效益的人,那他自然会重视你。新员工想要争取客户的心,也要先摸清客户的喜好秉性,做足功课再行动。

第四,专心在自己的事业上,不再为小事抱怨。

一旦你做到上面的一步,那就意味着你的职场之路翻开了新的一页。你已经从一个新员工变成了一个敢于承担责任的专业人士。你需要为你的未来进行规划,前行的路就是实现一个个目标的过程,你的生活和工作充满了希望,你的眼光看得更远,你的未来也一定会很美好。

总之,新员工身处职场,要明白批判和抱怨不会为你带来任何收益,你要做的,是尽快融入其中。不抱怨,不批判,积极投入工作,才能让自己更快取得成绩。

第二节　不要说没有建设性的话

> 马云说:"中国一直不缺批判思想,今天的社会能说会道的人很多,能忽悠的也很多,但真正完善建设的人太少……"新人入职,做好自己的本分就好,千万不要提什么发展大计。领导对这种员工一般都不会喜欢。

马云在一次对员工的演讲中说:"进公司未满 3 年的新员工,不要同我提阿里的发展大计,谁提,谁离开!"持这种观点的不止马云一个,华为老总任正非对这种乱提意见和发展大计的员工也很排斥。

有一个刚毕业的学生进华为公司上班,能进这样大的公司上班,他觉得很荣幸,因为这是对他能力的肯定,华为是一个看重才华的公司,自己一定可以在公司里大展所长。于是在上班之后,这位新员工把所有的精力都放在了研究行业前景和发展道路的问题上,在研究的过程中,他也发现了在华为内部存在着的一些问题。他很快就把公司现阶段存在的问题、国际行业的前景以及公司发展的方向洋洋洒洒地写成了一封万言书。任正非收到信,立刻批复："此人如果有精神病,建议送医院治疗;如果没病,建议辞退。"

热情洋溢地为老板提意见,为什么会遭到这样的待遇? 马云、任正非,这些中国响当当的企业家,难道心胸狭小得容不下员工提出的建议吗? 如果因为一个员工提意见就将其开除,是不是太不近人情? 毕竟员工也是为了公司的发展着想呀。小时候老师说,"三人行必有我师",长大后书上说"兼听则明,偏信则暗",听听别人的意见是一件好事,但是职场中为什么老板们就不爱听员工们提意见了呢?

新员工不能给上司提意见,主要是出于以下原因:

第一,员工的首要任务是融入企业,接受企业价值观。

为什么敢于向老板提建议规划的都是新员工而不是老员工呢? 因为新员工没有融入企业。还是那句话,每一个企业都有自己独有的价值观,那些新员工看不顺眼的地方可能正是企业价值观的衍生品,是客观存在的。新员工刚刚进入公司,对公司几乎没有任何理解,也不了解企业文化,怎么可能提出合理的建议呢? 把精力放在提意见而不是融入企业做好本职,这样的员工注定不受欢迎。选择了就要去接受,新员工进入一家公司,既要适应它合理的地方,也要适应它不合理的地方。和同事们紧密合作,组成一个团队,才能真正地为公司创造效益。

正如马云所说:"进入我们公司以后,必须要认同我们的文化,认同我们的理想。我们所有的人都是平凡的人,平凡的人在一起做件不平凡的事。如果你认为你是精英,请你离开我们。"

第二,新员工进公司,对具体情况不了解,很难提出有建设性的意见。

在很多时候,规划是一回事,现实又是一回事。没有哪个老板不想自己的企业发展得更好,有时候新员工对相关行业的认识大多是停留在书本上,提出来的意见要么就落伍要么就超前,根本没有可行性。这个社会从来不缺少提意见的人,但是能够提有建设性意见的人实在是少之又少。就像马云说的那样:"公司其实缺的是把战略做出来的人,把 idea 变现的人,把批判变建设性完善行动的人!"

人无知不可怕,可怕的是不知道自己无知,新员工千万不要做不知天高地厚的人。

第三,有些问题是客观存在的,老板不需要别人再去告诉他。

俗话说,不在其位,不谋其政,员工有员工的工作,老板有老板的工作。员工的工作是执行老板的指令,老板的工作是发现问题、做规划、为公司的发展做决策。一个连自己工作都做不好的新员工就想越俎代庖地做老板的工作,怎么可能有老板看得透彻?再说了,每个公司都有自己的问题存在,解决问题是老板的工作,不需要员工再去提醒,更何况大多员工是不能提出有建设性的解决方案的。意见人人都能提,公司缺少的是能是把战略做出来的人。

但是在这个世界上偏偏有些人不信邪,偏要提意见,结果不仅伤害了自己在老板心目中的印象,也影响了前程。

李恪和杨雨涵是老同学,后来李恪创业成立了一家设计公司,他极力邀请杨雨涵加入，因为他很欣赏杨雨涵的上进心，加上她又有相关经验，一定可以为自己创造效益。杨雨涵盛情难却，加入了李恪的设计公司。开始的时候他们的合作还算愉快，杨雨涵也给李恪拉来了几个大客户。

李恪很感激她，所以在待遇上也待她不薄。杨雨涵干得更加卖力，有时候公司里的厕纸没了也是她买来换上，甚至偶尔和客户吃顿饭，杨雨涵也是自己掏腰包。她真的把公司当成了家。

本来一切很顺利，但是事情在杨雨涵插手设计部的一个案子之后发生了变化。

那一天，杨雨涵接到客户的反馈，说希望产品在细节上稍加改动。杨雨涵回到公司，将客户的反馈跟李恪说了，李恪不置可否。又有一次，杨雨涵在楼下无意间听见两个员工讨论公司的事，说薪水低，还要加班。杨雨涵觉得员工不满意就难以创造出效益，就把自己听到的话一五一十地告诉了李恪，李恪也只是点点头。

这样的事情后来又发生了几回。杨雨涵觉得李恪对自己的态度冷淡了许多，直到有一次两个人因为一个客户的问题争吵了起来，李恪大声说："你以为你是谁呀？老是给我提意见！这公司你是老板还是我是老板？这么多你觉得不合理的地方，为什么你不离开？"

杨雨涵觉得有点懵了，她没想到自己一番好意竟然被当成了驴肝肺。伤心的杨雨涵最终选择离开了公司。"提意见也有错吗？"杨雨涵问她的朋友。朋友说："你没事提什么意见啊？你看看我，只做自己的分内之事，和我工作无关的事情坚决不管，这不现在还升职加薪了！你倒好，累死累活还自掏腰包！你干嘛管那么多?"

新员工进公司，要放下自己的宏图伟愿，做个踏踏实实的普通人，先融入团队，做好自己手头的工作。如果你真的看到了什么行业前景，大可以自己出去创业，而不是窝在公司给老板提意见。

第三节　想得到，先问自己付出了什么

> 新员工在抱怨公司待遇不公、自己的才能不被老板重视的时候，首先问问自己为公司做了什么？为公司创造了多少效益？

2011 年 8 月 16 日，阿里巴巴的管理层在经过协商之后，决定为那些在阿里巴巴付出过辛勤劳动的员工发放福利。阿里巴巴首席人力官彭蕾给全公司的 2 万多名员工发送了一封邮件。邮件的内容包括：

1. 公司将为员工提供高达 30 亿元的"iHome"无息置业贷款。

2. 成立一个高达 5 亿元的员工子女教育基金。

3. 对在阿里巴巴工作达到一定年限的员工一次性发放总额高达 4000 万元的补贴。

这个消息在外人看来的确是一个好消息，公司获利不忘回馈

员工,是一家人性化的公司。但是令人诧异的是,这则消息在阿里巴巴内部引起了激烈争论,许多员工尤其是新员工们为自己没能享受到公司的补贴而愤愤不平,谏言信件像雪片一样飞向高管的邮箱。阿里巴巴内网上更是掀起了一股对这个计划的"讨伐"行动,许多人在内网留言,希望公司能够放宽补贴年限,并加大补贴力度。

这些争论对阿里巴巴的稳定造成了很不好的影响,后来马云亲自出面对问题做出了解释,并建议新员工先从看、信、思考、行动做起,待融入公司、为公司做出贡献之后,公司自然会与新员工分享成果。

在这个世界上,人们往往看不到自己得到了什么,却对自己得不到的东西耿耿于怀。职场上也是如此,从进入公司到融入公司,再到为公司创造足够多的效益,中间是一个比较长的过程。一个人如果还没有创造效益出来,就想着和那些为公司立下汗马功劳的老员工获得相同的待遇,那对老员工们来说就是不公平的了。

也许有新员工会说,我们和老员工一起工作,有时候无论是能力还是创造出的效益都比老员工高,为什么公司只奖励那些老员工?

或许这种说法是事实,但老员工在公司初创、起步、发展的阶段经历的风风雨雨绝对是要多过新员工的。换句话来说,新员工在鼎盛时期的成绩也是在老员工辛辛苦苦打下来的基础上取得的。

我们再回头来看看阿里巴巴创业时期,蔡崇信等人放弃了高收入跟着马云在居民楼里创业,拿着每月 500 块钱的工资,那种勇气不是什么人都能承受的。当时香港有一位 IT 高手想要加入阿里巴巴,但是听说每月只有 500 块的时候就退缩了,那点钱还不够他给女朋友打电话的!但是这些老员工就是铁了心地跟着马云走。正是靠着这帮人,阿里巴巴才有了后来的成功。当然,他们获得的回报也是十分丰厚的。

　　这个世界上从来不缺少锦上添花的人,但是雪中送炭的人却极少。一个企业在初创的时期挣钱很难,甚至连生存都是问题,但是一旦赚到了第一桶金,那么以后的路就好走得多了。这第一桶金要靠老员工去帮忙赚,过程远比后来的十桶金甚至百桶金都难。新员工不要和老员工比成绩,因为新员工的成绩是站在老员工的肩膀上获得的。要心存感恩,明白今天取得的成绩里也有老员工们的汗水。

　　无论到什么时候,新员工想要提升待遇,或者受到重视,最好的途径就是努力学习,努力工作,为公司创造出更多的效益。待到时机成熟,升职加薪自然会接踵而来。

第四节　做一回傻子又何妨

> 在这个世界上，有太多的聪明人，聪明人之中出来一个傻子，往往能够出奇制胜，靠着傻劲儿获得聪明人得不到的快乐、金钱、荣誉和世人的尊重。傻出了智慧，大智若愚，也是一种境界。

2008 年，阿里巴巴上市。马云没有选择将股票牢牢掌握在手中，自己占据大部分利益，他做了一种在当时人看来十分不明智的事：将所有的利益与团队分享。这些钱不是三百五百，而是数亿！也就是说，马云把原本可以揣进自己腰包里的钱拿出来给大家分了！

许多人都说马云傻，为啥赚到的钱要拿出来分掉呢？其实，马云向来都是一个不按理出牌的人。他做电子商务网站，开始的时候一直在烧钱，一直在烧钱，不见盈利，大家都说马云傻，另找一个创业项目或者去找份好点的工作，不好吗？后来孙正义要给马云投 3000 万美元，但是马云嫌太多了，他只接受了 2000 万，别人给钱还嫌多，马云真傻！后来阿里巴巴上市，马云把股票分给他的团队，这回就更傻了啊！如果说前面的两步在后来看来还是颇有深意的,那么这次把钱分出去就看不到马云的目的了。

其实,真正的聪明人往往大智若愚,马云把利益与员工分享,一方面是因为他深谙用金钱来赢得人心的道理,另一方面也是源于对这些陪自己走过风风雨雨的老员工们的感恩。

马云知道,阿里巴巴的成功离不开自己的努力,但是他的创业伙伴们的付出也不少。没有这些创业伙伴们的支持,马云和阿里巴巴是不可能成功的。风雨大家一起走过,利益当然也要一起分享。于是马云就把股票拿出来分给了团队。

那么团队回报给马云和阿里巴巴的又是什么呢？是多年如一日的辛苦工作,是每年都在增长的效益。马云并没有吃亏,他拥有一个坚不可摧的团队,这是竞争对手所不具备的。

其实,马云傻吗,当然不是,他只是懂得感恩,一个懂得感恩的人往往能获得更多。

第一,感恩是获得成功的起点。

新员工总是喜欢抱怨,老板苛刻、同事冷淡、连客户都难伺候,生活中遇到困难挫折又会抱怨自己生不逢时,真的是生活对不住他吗？当然不是。一个人如果总是站在自己的立场上看问题,那么问题自然就多得让人不胜其烦,如果懂得换位思考,就应该明白,其实别人也有许多无奈之处。老板苛刻,是因为你做得还不够好,这对你日后做事精益求精有很大帮助;同事冷淡是因为他们很忙;客户当然不好伺候,他们只是想要进一步获得利益。想明白这些,你的烦恼就消除了。其实,再仔细想想,你不但不应该抱怨他们,相反的,你应该感谢他们,是老板给了你成长和成功的机会,是同事们与你分工协作将工作做到最好,而客户是让你赚钱的衣食父母,对他们应该感恩。当你的心中充满感恩的时候,你的一举一动一言一行都会散发出一种亲和力,让你周围的人受到感染。感恩的念头传播出去,你也会成为一名受益者。

和不懂得感恩的人相比,一个让感恩充溢心灵的人必然是一个努力工作的人,这样的人心中充满动力,为家人、为所有愿意给自己机会的人努力奋斗。大凡有大成就者,皆是懂得感恩之人。懂得感恩的人会善待身边的人,身边的人自然也愿意帮助他获得成功。

第二,感恩的人更幸福。

每个人在职场中都会遇到一些帮助自己的人,也会遇到一些阻碍自己的人。对帮助我们的人,我们要心存感恩,正是他们的帮助让我们走出困境,学到知识。对那些阻碍我们的人,我们也不要放在心上,他们的存在只是让我们多了一次磨炼的机会,怨恨只会让我们不快乐。忘记别人的坏,记住别人的好,这样我们的人生才能充满快乐。而一个快乐的人是讨人喜欢的,这对你的人际关系有很大帮助。

第三,及时将你的感恩传达出去。

心存感恩,应该将这种感恩传递出去。这种传递,可以是利益的传递、工作上的帮助,也可以是语言上的表达。

用语言向你感恩的对象表达,强调对方对自己的帮助。譬如,

"这次多亏有你帮忙,不然……"或者"真是太谢谢你,如果没有你……"

也可以用行动来表达你的感恩。一份小小的礼物,一张小小的卡片,甚至一个热情的拥抱,都可以表达出你对对方的感恩之心。

其实,世俗人眼中的傻人,往往就是真正的聪明人,他们面对困难傻得只懂坚持,他们面对不公傻得不懂抱怨,他们面对利益又傻得和别人分享,他们面对别人的帮助会心存感恩。这样的傻子,注定要成功的。

第五节　存在的就是合理的

> 新人入职，首先要做好自己的分内之事，多观察，少说话。即便公司内真有什么你觉得不合理的地方，也不要立刻提出来。请谨记：存在即合理，如果它不合理，你现在也要保持缄默，因为你还没资格。

新员工入职，总是能够发现在公司内部存在着许多不合理的现象。作为新员工的你，是不是有些不舒服？是不是想要和领导提提建议？

其实，这是很没有必要的，无论到什么时候我们都应该记住，在自然界、社会中，任何事情的存在都有它的合理性。也就是说：凡是存在的，都是合理的。一个新人，首要的任务是做好自己的工作，处理好人际关系，不要提什么意见或者建议，一是因为你没有资格，二是你对公司内部的运作、发展、人际等诸多问题都不甚了解。

首先说说公司里的制度问题。有些刚刚走入职场或者换了新工作的人，往往都会对新公司的某些规章制度产生不满，觉得其中不合理的地方很多。其实，在这个世界上，没有一项规章制度是完美的,一套规章制度的设置,考虑的是利大于弊,只要能产生足够多的好处,那么一些不完美也是可以被允许存在的。

在阿里巴巴采用的考核标准中有一套业绩指标,这个指标是一个硬性规定,很多新人向马云提出了取消业绩指标考核的建议。但是马云是怎么做的呢?

他没有听从员工的建议去取消业绩指标,而是在一次会议上重申了业绩指标的重要性,马云说:"业绩指标的存在会让公司走一些弯路,但是不会让公司灭亡,如果没有业绩指标,员工就没有目标,每天没有方向地工作,那么这个公司就危险了……每项制度都需要一个完善的过程,只要大方向正确,就应该坚持。"

阿里巴巴是如此,别的公司也是如此,规章制度的不合理肯定会出现,但是同时也应该看到取消规章制度之后可能出现的结果。所以,不要因为觉得规章制度不合理就去抵触它,存在的东西,尤其是那些已经成熟了的东西,一定有其合理性。

第二,许多新员工经常会遇到这样的困扰,比如某些人经常在工作的时候玩游戏、迟到、旷工或者钻公司的小空子,但是在老板的面前却总是能够表现得很好。这样的人往往会让那些富有正义感的员工感觉愤怒。平时自己表现得那么好却不被老板重视,这些人却能够靠着表面工夫捞到好处,真是太不公平!有时候按捺不住甚至想同老板告一状。其实这些想法是不应该的。我们仔细想想最终达到目标的唐僧团队就应该明白,每个公司都会有像猪八戒这样的懒人存在,这些人会偷偷懒、耍耍滑头,但是同时他们也是可以为公司创造一些效益的。不要做眼里揉不进一粒沙子的人，向上司报告不但要冒着被同事知道之后疏离的危险，还可能影响你在上司心目中的形象：今天你可以打同事的小报告，明天你会不会打他的小报告呢？一个公司的发展，不是靠一个人的力量就可以扭转的。作为新员工，切不要做这类不明智的事情。

新员工遭遇到的第三个不合理就是不公平的待遇。为什么同样的劳动、同样的付出，收获却不一样呢？明明你擅长的是某一项业务，但是上司却让你去做另一个你并不擅长的业务，缘由就是那个业务上缺人。这种事情的确很常见，作为团队的一名成员，新员工应该按照上司的安排去工作，无论有多不公平，请谨记：你是一名新员工。

在阿里巴巴壮大之后，那些参与公司初创的老员工大多数都成了百万、千万甚至亿万富翁，但是刚进公司的人却只能拿着固定的工资。是他们的能力不如老员工吗？其实未必。是老员工能够创造出比新员工更多的效益吗？也未必。但是老员工在公司草创时期的付出是新员工不可能知道的。在很多时候，薪酬和职位是不能完全按照能力来定的，这中间考虑到的因素还有很多。

世界上从来没有绝对的公平与合理。想要得到公平的待遇，就要拿出自己的真本事来，找到发挥才能的机会。当然在开始的时候，面对上司的安排，你最好不要拒绝。如果这个安排是合理的，你就把这当成一种锻炼。如果这个安排不合理，那就当做一种磨砺吧！

第六节　不要追求绝对的公平

> 公平从来都是相对而言的,职场之中亦是如此。新员工入职,面对种种不公平的待遇,千万不要产生消极的想法,你所能做的,不是改变不公平的局面,而是努力工作并提高自己的技能,让公平自动来到你身边。

"这不公平的!"人们在遇到不公平的事情时,总是忍不住抱怨。在大家的心目中,公平合理才能服众,每个人都应当受到公平的待遇。而事实上,公平是一种理想的局面,真正公平的世界是不存在的。

职场就是一个小型的社会,在这个小型社会里,人与人之间的不公平也是必然存在的。能力相当职位颇有差距、同工不同酬的事情比比皆是,尤其是刚刚入职的新员工,遭遇的不公平待遇显然更多。在许多公司,新人不但要做最繁杂的工作,还要时常被某些老员工"欺负",这公平吗? 很显然不公平,但是当从新员工成为老员工时,看到别的新人像自己当初一样,便会美其名曰"都是这样过来的!"不公平的原因在哪里? 每个人心目中对公平的评价标准是不一样的。我们经常可以发现，在许多老板的身边都有自己的爱将，这些人受到老板的重视远胜于一般人，是他们的能力强吗？未必。但是这些人往往能获取比一般人更多的待遇、福利，当然还有更多的权力。这种现象不公平，但是却是合理的，无论是多么伟大多么有远见卓识的一个人，始终都还是一个人，是人就会有爱有恨，这也就不难理解为什么老板对待不同的员工会有不同的态度了。所有的公平都是相对的，对一个人公平可能对另一个人就是不公平，所以新员工千万不要追求绝对的公平，这不但完全于事无补，还会让你在不知不觉中心理失衡，进而浮躁消极地应对工作。

有"全球第一 CEO"之称的杰克·韦尔奇就曾经遇到过一个"很不公平"的待遇。那时他刚到通用电气工作，没过多久就被上司派去皮茨菲尔德，他的任务是同另一位化学家和工人们建立一座制造新材料的工厂。杰克·韦尔奇为建立这座工厂花费了大量心血，上司当然看到了他的努力，给予他热情的鼓励和高度的评价，并宣布加薪 1000 美元作为奖赏。杰克·韦尔奇高兴极了，他觉得自己的辛苦付出获得了应有的回报，自己做得多收到的回报也多，于是准备在接下来的工作中继续努力。可是就在这时，杰克·韦尔奇意外得知，包括另一位化学家在内的多位员工同样得到了加薪 1000 美元的奖赏，他就像是正在兴高采烈时被人兜头泼下一盆冰水一般，立刻愤怒起来。凭什么自己做得多却和其他人一样，他立刻是递了辞职信，另觅工作。当然这场事故终于在上司的极力斡旋下达成和解，杰克·韦尔奇也懂得了职场中不公平的存在是必然的，继续留在通用电气工作。

美国心理学家亚当斯说过，员工的工作动机不仅受绝对报酬的影响，还受相对报酬的影响。所谓绝对报酬就是员工的实际收入，而相对报酬则是与其他人相比较得出的自认为应有的收入。如果绝对报酬大于或者等于相对报酬，员工的积极性就会大大增加，反之，若相对报酬小于绝对报酬，那么员工的心中就会有不公平的感觉，工作的积极性就会受到影响。由此可见，人们对公平的理解都是站在自己的立场上与别人比较得出的。

新员工在职场，不要一味追求公平，这不但会影响你的心情，对你的工作毫无助益，还有可能会影响你的工作表现，伤害自己在老板心目中的形象。

其实，除了我们说的相对公平的不公平之外，有些不公平的表象下也可能隐藏着职场潜规则。

做好自己的工作，努力和同事上司处理好关系，稳稳当当地向上走才是王道。连比尔·盖茨都说了，生活是不公平的，你要去适应它。新员工要让自己去接受这些不公平，从心理上正确认识这些不公平，努力工作，才能得到你想得到的公平。

第七章　**在快乐中坚持，
梦想就能实现**

J udge 一个人、一个公司是不是优秀,不要看
他是不是 Harvard,是不是 Stanford。不要
judge 里面有多少名牌大学毕业生,而要 judge 这
帮人干活是不是发疯一样干,看他每天下班是不
是笑眯眯回家。

——马云

第一节　坚持第一天的梦想

> 梦想人人都有,很多人的梦想还很伟大,但是有的人实现了梦想,而有的人则只能平平淡淡地度过一生。原因就在于这些人要么频繁地变换梦想,要么就是不敢坚持梦想,真正能成功的,就是敢于将梦想交付现实并坚持下去的人。

1995 年,马云在自己的家里召开了一场会议,参加会议的有 24 个人,这些人有马云的朋友,也有马云的学生,其中还有一个 82 岁的老太太。在会议上,马云发表了一篇慷慨激昂的演讲,整篇演讲的目的只有一个:他想做互联网。但是在 24 个人听完了马云的演讲之后,都给出了否定意见,他们认为这种事是绝对不能干的,也是绝对干不成的。只有一个人对马云说:"你要是真的想做的话,倒是可以试试看。"经过一夜的思索,到第二天早上,马云想了想,最终还是决定做了! 不管怎么样,都要做下去!

打定了主意,马云从大学辞了职,带领一帮人创办了中国黄页。从 1995 年的中国黄页,到 1999 年的阿里巴巴,再到如今,马云的互联网之路已经走过了 18 个年头! 这 18 个年头,足以让一个呱呱坠地的孩子成长为一个意气风发的青年。在这 18 年里，马云也有过失败，有过挫折，最穷的时候甚至租不起房、打不起车。但是他始终没有放弃自己的梦想，因为他坚信，电子商务平台是有用的，一个有用的东西必然是会成功的。而结果也如马云所料，阿里巴巴成功了！正如他所想的，成了聚集最多中小企业的电子商务平台。

回忆过去，马云说："其实最大的决心并不是我对互联网有很大的信心，而是我觉得做一件事，经历就是一种成功，你去闯一闯，不行还可以掉头。"

敢于将梦想交付现实，并付诸行动，这样的人生才是没有遗憾的。每个人心中都有一个梦想，有的人希望成为一名企业家、文学家、教育家，也有人希望能做到一个行业的高层。

梦想有大有小，但是实现梦想都无一例外地需要行动。身处职场的年轻人，想要实现自己的梦想，要敢于坚持，耐得住寂寞，职场不相信眼泪，你要用自己的左手温暖右手，在坚持中学习，厮杀出一片属于自己的晴天。

坚持梦想，说起来容易，做起来却不那么简单。尤其是新员工，怎样才能在职场中坚持下，每个人都应该有一套属于自己的见解和方法。

第一，以积极的心态面对工作，不因小事而悲喜。

新人的日子也许很难熬，或许你有出色的教育背景，或许你有扎实的专业功底，到了职场，你需要从头再来。在这段时间，你的工资最低、任务最重，还有可能遭到同事和上司的批评打击，加上自己心理上的不适应、看不到的将来，以及办公司偶尔爆发的利益斗争，这一切都让人难以忍受。

但是你也要明白，几乎所有的人都是这么走过来的，人在挫折和磨砺之中才能更坚强，才能锻炼出属于自己的一套为人处世之道。如果你能够在经历过无数的挫折和磨砺之后依然坚持梦想不放弃，你的职场之路就会越走越清晰，这是任何顺境都不能给予你的宝贵财富。为什么有的人一辈子都在最基层工作、一辈子都是老资格的新人，而有的人则能够很快从基层跳到更高的层面，就是因为他敢于在梦想的支撑下坚持下去。

第二，学习的精神很重要，不要去计较一时得失。

马云说，书读得不多没关系，就怕不在社会上读书。其实学校里能教给我们的东西很少能被我们直接运用到工作上，我们在大学里学到的是处理事情的能力、看事物的角度和眼光以及一些行业的基础知识，想要在职场越走越远，必须要有一种学习的精神。在这个前提下，一点点小利益就不要放在心里，还是那句老话，新人阶段是不要考虑经济的，能吃饱喝足有地方住就可以。你首先的任务是学习。学习行业知识，学习交际手段，学习为人处世的技巧，接触内行人，找出差距，然后努力学习填补自己的不足。有了真本事，又学会了处理人际关系，那么在职场你将无往不利。

第三，为自己找一个职场的榜样，把他当做前进的动力。

实现梦想的过程是一个艰苦的过程，在前进的路上，你没有伴侣,没有人给你加油鼓劲,你能依靠的只有自己。把你的梦想分成多个阶段,每一段里为自己找一个榜样,努力达到你榜样的水平。当然,这并不容易,但是当你成功的时候,也就意味着你的事业已经达到了另一个阶段。在新的阶段里,你需要有新的榜样。当然,你选择的榜样不应该和金钱挂钩,如果一个人把他的榜样设为马云、史蒂夫·乔布斯甚至比尔·盖茨,那他注定要失败。任何一个时代的成功都是不可复制的,年轻人把榜样定得太高太空洞,就好像在跑一条没有尽头的路,你的意志要不了多久就会被拖垮。所以,你的榜样可以是离你不远处的一个胜于你又不至于高得让你不可企及的人,你向他学习的应该是他身上的光辉点,他的专业技能、他的工作风格、他的奋斗历程,在榜样的激励下前进,当你终有一天超过他的时候,会有一种取得阶段性成功的喜悦,也会让你更有勇气继续走下去。

坚定一个梦想,勇敢地走下去,你终会如愿。

第二节　一步一步地走向梦想

> 实现梦想是一个漫长的过程,在这个奋斗的过
> 程中,除了必须具备坚定的意志,策略也很重要,把
> 梦想这个大目标分成一个个小目标逐步实现,踏踏
> 实实地往前走,不但可以享受到奋斗的快乐,还能
> 让人时刻充满希望。

　　2001 年,马云在回答网友问题的时候谈到,实现梦想的过程就如同造房子,打地基的时间要花去全部时间段的 30%,一个企业或者一个人的成功就同建房子一样,最开始的阶段都不是在赚钱或者施展抱负,而是在打基础。阿里巴巴在开始的 5 年,也是打基础的阶段,这个阶段困难很多,面对的竞争也很激烈。在这个过程中,要坚持最初的目标,眼界放宽,敢于为自己寻找竞争对手并超越它。在外界不看好阿里巴巴前程时,马云依然为企业的发展奋力拼搏,外面的人说什么不重要,重要的是阿里巴巴的客户喜欢,只要客户觉得阿里巴巴有用,那么阿里巴巴就是一家有前途的公司。马云最不喜欢的就是专家,那些专家在阿里巴巴还在打基础的阶段就断定它不行,摆事实讲道理,好像有 50 年经验似的,其实

一切都是纸上谈兵。所以马云从不看外面怎么评论阿里巴巴,他把阿里巴巴的事业当做一场长征,阿里巴巴怎么发展,马云有一套属于自己的规划。1999 年到 2000 年,阿里巴巴是最刻苦的阶段,团队里的人经常加班,饿了公司提供宵夜,因为这个阶段公司缺钱又缺人。但是在 2001 年之后,马云就要求员工要在晚上 7 点之前必须全部离开公司,第二天早上要在 8 点半之前上班,公司走出最艰苦的阶段之后就要打好管理和效率牌。马云的目标和管理策略一直在随着时间和公司的进步而变化,唯一没有变化的还是他当初的梦想——做全国顶级的互联网,让阿里巴巴成为全球中小企业贸易的主要平台。就是坚持着这样的梦想,阿里巴巴坚持走了18 年,加盟阿里巴巴的企业也达到了一个史无前例的数目,马云的梦想越来越近。

2002 年的时候,当时著名的托普软件公司发起了一场跨越式大发展,当年的托普公司招聘 5000 名软件工程师入职托普。在当时,中国的软件教育刚刚处于起步阶段,别说没有那么多成熟的软件工程师,就算是有,让这么多员工瞬间融入公司也是一件困难的事情。托普集团由电子科技大学宋如华教授始创于 1992 年,启动资金只有 5000 元,到 2000 年已经发展成了一个年收入超过 5 亿元、净利润 8700 余万的大型企业。这远远不够,宋如华想要的是企业更快的发展,他的计划是到 2010 年实现年收入超 2000 个亿!为了实现这个目标,企业就要大批招揽人才,圈地建厂。但是迅速的扩张却给托普带来了致命的打击。一是企业在扩张中过分依赖政府,二是资金链紧张。所以一个小小的波折就致使托普资金链断裂,随之而来的是曾经光彩无限的托普集团就此轰然倒塌。

托普的失败,其实就源于其发展得太快,地基没有打好就想盖成高楼大厦,这简直是不可能的。宋如华葬送了自己的成功,也埋葬了托普,就是源于其过分追求跨越式发展。梦想的实现,应该是一步一步踏踏实实地往前走,不断地走,然后越走越近。这个走的过程就是实现梦想的过程。

作为新员工,你的梦想或许是成为一个成功的企业家,或许是成为一个高薪厚职的企业管理层,这都是有可能实现的,把你的梦想分成一个个小目标吧,完成一个个小目标的过程就是实现梦想的过程,当你达成所有的小目标,梦想也就水到渠成了。

在 20 世纪 80 年代,日本出现了一名著名的马拉松选手——山田本一。

在国际运动界,有这样一个规律:那些拼速度和体力的运动项目是欧美人的专长,山田本一看上去并没有任何特别的地方,个子不高,体格也不如那些欧美人看起来健壮。

但是令人吃惊的是,这个小个子日本选手却连续数次在国际马拉松赛事中拿到冠军,令时人百思不得其解。后来山田本一退役,他在自己的自传中道出了夺冠的秘密。原来,山田本一在每次比赛之前都会骑自行车先到比赛的路段去勘察一番,在数十公里的路途中,他会找出几个醒目的标志,比如一座漂亮的红房子、一棵参天的大树、一座教堂、一个美丽的公园……他默默地记下这几个目标。到比赛的时候,发令枪一响,山田本一就会奋力向第一个目标——那座漂亮的红房子冲去,到达红房子之后就意味着第一个目标顺利完成,于是他就再次鼓起勇气,奋力向第二个目标——那棵参天的大树冲去,再然后是第三个、第四个、第五个,抵达最后一个目标的时候,也就是胜利的终点到了。山田本一就是靠着这样设置一个个目标成为了冠军。

其实,实现梦想的路程又何尝不是一场马拉松呢?不要被前面的路吓倒,为你的每个发展阶段设置目标,你会觉得成功实现梦想其实并没有那么困难。

第三节　不要把钱当做奋斗的动力

> 司马迁在他的《史记·货殖列传》中说，天下熙熙皆为利来，天下攘攘皆为利往。的确，很多人找工作，都很看重薪水的因素，但是，从长远来看，钱不应该是一个人奋斗的动力。

马云曾问自己这样一个问题："奋斗的动力是什么？"

在 2000 年以前，他的回答会是"财富"！因为那时候的他开办阿里巴巴是做生意的感觉。

但是在 2000 年之后，马云的思路就变了，他想要的，是一种做企业的感觉，把阿里巴巴变成一家世界五百强企业，这时候他追求的是一种成就感。

还是那句话，在人生的不同阶段，主宰一个人行为的价值观会有所改变的。毋庸置疑，在这个世界上，有钱人是少数，大多数人都是缺钱的，所以金钱也必然会成为我们选择工作的一个重要因素。但是钱多的工作毕竟是少数，对于一个新人来说，金钱不应该成为选择一个工作的决定性因素，也不能成为一个人奋斗的动力。

为什么这么说，因为在这个阶段，你的主要目标不是挣钱，而是学习。说到这里,一定有很多人反对,挣钱当然是目的,难道读这么多年的书,背井离乡地出来工作,就是为了学习吗?

没错,就是为了学习。这不是虚伪,也不是矫情,而是源于长期职业规划所得的总结。国际著名职场招聘专家安田佳生曾经向那些即将走上新岗位的新人们提过这样的一个问题:"如果你的生命只剩下一年,你还会选择目前的工作吗?"如果你的回答是肯定的,那么你这样做下去一定没错。但是如果你的回答是否定的,那就有必要反省一下了,为什么你不肯在你最后的时光里去做这份工作?是钱的原因吗?显然不是,在最后的一年,大多数人都想去做一份自己喜欢的工作,尽量让自己的价值观得到体现,钱已经不那么重要了。

初入职场的新人们选择工作,不要把钱看得太重,在薪水之外,还要看这份工作能带给你的附加价值。如果在你的面前有两份工作,一份月薪4000元,一份月薪6000元,人的下意识都会想去选择6000的。若6000的做的工作没有学习空间,是要依靠吃老本来完成的。而那份4000元的工作可以让你有一个学习的机会,让你的能力越来越强,那你就应该去抓住这个4000元的工作。为什么?因为两者之间差别并不是很大。月薪6000可能会让你的手头宽裕一些,可以多买几件漂亮的衣服,多下几回馆子,但却不能让你立刻有能力去买车买房,所以多出来的2000块意义不大。而且从长远来看,能够给你带来保障的,不是每月存起来的固定存款,而是你自己的能力。有能力,以后挣钱的机会多了去了,你根本无需担忧。而每个月存起来的 2000 块根本就没有意义,钱不断在贬值。

对于这一点,马云感悟颇深,他在一次演讲中举了这样一个例子:在 20 世纪八九十年代,马云还在大学教英语的时候,他的工资只有 89 元钱,这点钱,在现在看来连下一回馆子都不够,但对当时的人来说却是一笔不小的财产。那时候谁要是个万元户,真是了不起的事情。马云老家有个亲戚,靠着做生意赚了钱,发了财,成了万元户,风光得不得了,当下就享受起来,买了辆崭新的摩托车后,把剩下的钱存了起来,想着这是多大一笔钱啊。但是过了些年,再看这个人,又怎么样了呢?就像方仲永一样"泯然众人矣"。为什么会这样?因为这个人把太多的精神放在以往的功绩簿上。钱是会贬值的,不能给人们任何保障。靠着不断增加的能力去创造更多,这才是真正的财富!

规划职业生涯,应该看得长远。假如你工作的年限是从 20 岁到 60 岁,中间分成 4 个 10 年,那么在每个 10 年里,你的职业生涯应该是这样的——

第一个 10 年,20～30 岁。这个阶段我们最想要的是钱,但是这个阶段挣钱是最难的。我们有大把的青春、大把的精力,还善于学习。在这个阶段,我们应该把基本功练好,提高自己的能力和竞争力,不要为钱奋斗,因为多几千块少几千块意义不大,不会让你的命运发生改变。不要看别人薪水比你高你就着急,就羡慕嫉妒恨,没有必要,要把眼光放远一点。

第二个 10 年,30～40 岁。这个阶段许多人都已经在职场混出了一点模样,有点能力的可能会升个官、加个薪什么的,但是你的钱还是不够多,维持一家人的生活开支没有问题,还不能想买什么就买什么。在这个阶段,你依然不能把薪水作为奋斗的动力,要学习为人处世的技巧。为什么这么说? 因为真正的管理者往往不见得有多高深的技能,而是他们能够处理好人际关系,善于鼓励别人去做事。

第三个 10 年,40～50 岁。这个阶段是前面两个阶段的累计,靠着做事的能力走上管理层,再靠着为人的能力走上领导岗位。这个阶段你更无需将财富作为你奋斗的动力,因为你已经有不错的积蓄去过好的生活。财富不需要你追求就会找上你,这是一个收获的阶段。

第四个 10 年,50～60 岁。这个阶段的人更加成熟,可能会有一两个在外投资的项目,是某个企业的合伙人,已经不需要为钱的问题发愁,开始关注自身的问题。当然,有些人还在职场奋斗,但目标早已不再是积累个人财富了。

所以,作为一名新员工,千万不要把钱作为奋斗的动力,这对你的长期职业规划是没有任何助益的。而且把注意力放在钱上,你注定会失望,因为外界充满了变数,老板可以选择给你加薪,也可以选择不给你加薪,可以选择高频率给你加薪水,也可以选择低频率给你加多少薪水。把收入寄托在别人身上,你注定要失望。

第四节　一定要个性化，不要同质化

> 一个人想要成功，除了敢于吃苦之外，还要有自己的个性。奋斗拼搏从来不是一句空话，不是只要肯吃苦就能解决一切，敢于坚持个性的人才能抓住属于自己的机会，实现自己的梦想。

一个成功的员工不可能一辈子都是做普通的员工，他要么自己成为老板，要么进入管理层，无论结果怎样，他终会成为一个做决策的人。而一个能够做决策的人，一定会是一个有个性有担当的人。

我曾听一个员工跟经理这样说："你不要让我管人，管人好麻烦，还得罪人……"当然，他的潜台词还有"管人的薪水也没高多少，我宁愿自己多点事，多拿点佣金也比被别人在背后说三道四得好！"这个员工很优秀，业务掌握精湛，人缘也不错。但是在老板提出让他做小组长的时候，他就提出了反对意见。对于这样的员工，我甚觉惋惜，他是一个很典型的拒绝成长的人。在上文中我们提过的成长计划中，第一个 10 年要钻研业务，靠业务出头，第二个 10 年要研究人际关系，靠管理出头。很显然，这个员工已经被其他人同质化了,拒绝成长,恐怕即使走上了管理岗位也不会是一个成功的管理者。一个人没有个性会怎么样我们不能够下定论,但是他十有八九是不会成功的。但凡在事业上做出成绩的成功人士,一定都是有个性的,在他们的身上都有一种特立独行的精神。

在中国的企业家群像里,马云除了他那有辨识度的相貌之外,他的所作所为也让人刮目相看。

2000 年,阿里巴巴刚刚起步,需要一笔启动资金,蔡崇信和马云嘀咕了一阵,决定去日本找孙正义。孙正义为这些来访者召开了一次评介会,但是因为来访者人数过多,每个人只有 20 分钟的时间。马云在这 20 分钟里介绍了阿里巴巴的成立目的、客户群体、发展状况和未来前景。在他刚刚开始了 6 分钟之后,孙正义就打断了马云的话,他明确表示,软银愿意会阿里巴巴注资,问马云需要多少钱。

马云的回答则颇出乎孙正义意料,他说自己并不缺钱。孙正义问:“你不缺钱找我干什么?”

马云回答:“不是我想找你,是人家让我来找你的!”

马云为什么这么回答呢?

后来人们揣测有两种可能,一种是马云实在不缺钱,另一种就是马云在玩一个欲擒故纵的把戏。后来马云在接受采访时说道融资,提出了这样一个观点:投资商的目的就是为了挣钱,如果你挣钱了,不缺钱了,他就巴不得多塞点钱给你;反之,如果你不挣钱,缺钱了,找投资商,投资商跑得比兔子还快。答案不言而喻。

这样的员工,马云爱

马云吊起了孙正义的胃口,这才是第一步,是接下来谈合作的基础。号称"不缺钱"的马云与已经下决心要投资的孙正义坐下来谈合作的细节,孙正义明确表示软银在阿里巴巴要占据 30% 的股份,当然,价格是需要协商的。蔡崇信在这方面是个专家,马云把他拉过来一起做决策。孙正义报了一个数目给马云,马云还没说话,蔡崇信就说了"No!"孙正义仔细思索了一下,又报了一个数字,换来的又是一个"No!"第三次报价依然是个"No!"最后,孙正义思考了好一会儿之后,报出了 3000 万的价格,蔡崇信觉得合理了,便示意马云同意。阿里巴巴与软银初步达成了合作意向。

但是在临签约之前,马云却后悔了,他对孙正义的助手说:"我们仔细核算了一下,3000 万美元对我们来说太多了,我们公司运营只需要 2000 万美元……"孙正义的助手立刻就惊呆了,找孙正义投钱的人很多,每个人都希望能拿到更多的投资,嫌钱多的人马云还是第一个。

但是马云打定了主意只要 2000 万,他亲自给孙正义写邮件,表明自己的立场。很快就得到了孙正义的回复,他同意了。马云得到的是什么呢?他得到的是团队对阿里巴巴的绝对控股和 2000 万美元的投资。控股让他可以更好地掌握公司的发展方向,而 2000 万美元也让阿里巴巴安安稳稳地走过了互联网的寒冬时代。马云融资打的牌就是一个个性化!以个性化吸引投资,以特立独行的演讲来扩大影响,以独特的发展思路来经营事业,马云最终获得了成功。

所以个性化是一个很重要的因素。即使是在职场，一个新员工也要保持自己的个性，看待一件事，不要人云亦云，一定要有自己的看法。你不需要说出来和别人争辩，这没有必要，但是心里要有一杆属于自己的秤，人云亦云永远成不了大器。

　　康拉德·希尔顿年轻的时候只是一个小职员，这个小职员看上去和别的员工并没有什么不同，但这只是表面。在心底，康拉德·希尔顿是希望能成就自己一番事业的，所以他在工作中不断积累经验，到了1919年，32岁的康拉德·希尔顿已经形成一套属于自己的酒店业经营理念，他立刻行动起来，靠着自己收购酒店的特长，用低价收购濒临倒闭的旧旅馆，然后重新装修整顿，挂上招牌重新开业。这才有了后来闻名于世的希尔顿酒店。

　　如果康拉德·希尔顿没有自己的个性，他可能一辈子都是一个小职员。当然，个性不等于另类。一个人在没有成功的时候，要学会表面同质化，内心个性化，别让自己的个性成为刺伤同事和领导的棱角，这对你的个人发展没有任何助益。

第五节　爱并回报家人

> 家,是避风的港湾,家人则是最能给予我们安全感的人。一个人的成功离不开家人的支持,一个人的快乐也需要与家人分享。无论我们处在人生的哪一个阶段,请记得及时回报你的家人。

1995 年,马云决定辞职创办中国黄页,第一个受到冲击的就是马云的太太张瑛,她辞去了大学老师的工作,跟着马云"一起疯"。这在外人看来简直是疯了,就算是创业,也没必要一家人全都一头扎进去吧? 万一失败了怎么办? 但是张瑛没有考虑这些,她依然支持着他。在公司刚开始的时候,员工只有 3 个,马云、张瑛和何一冰。在中国黄页创办发展的那段时间,张瑛和马云的家就成了办公室,马云带着一帮人在家里忙碌,张瑛就去为他们打下手,大家加班的时候,她就去做宵夜。用她自己的话说就是"一个好好的大学老师不做,却去做了一帮人的老妈子"。

后来中国黄页被收购,张瑛没有抱怨;马云去北京,她没有拦着;马云北京梦碎回杭州,她更是一句话没说。马云创办阿里巴巴,她也是公司初创的成员之一,为阿里巴巴做出了自己的贡献。

后来,公司渐渐发展壮大,两夫妻越来越忙,孩子没人管了。加上当时阿里巴巴向"去家族化"的更高层次发展,马云让张瑛从公司辞职。

张瑛觉得很委屈,阿里巴巴也是她的事业,她不想就这么回家做家庭主妇,马云说:"孩子和事业,你只能选一个!"张瑛最终还是决定回家了,她退下前线,做了马云背后的女人。

马云的事业能有今天,与张瑛的支持是分不开的。事实上,许多成功人士的背后都有一个伟大的家人,家人的支持是他们获得成功最坚实的壁垒。

一个人奋斗的动力,除了是为了实现自己的梦想之外,也是为了家人。所以,在你的事业小有成就时,请记得与家人分享,并在他们的鼓励中继续前行。

在犹太教的安息日里,所有的犹太人都是要休息的,但是偏偏有一个犹太人很想在这一天打高尔夫球。最终,情感战胜理智,他决定去打球了。他的心里怀着一种侥幸:大家都在休息,我在这一天打打球是没人会知道的,而且我只打九杆,打完就走,绝不留恋。

带着这种念头,他去了高尔夫球场。球场里果然空无一人,他很高兴,很快热完身,挥起球杆就去打球。

但是这一切都被一位天使看到了,天使很生气地把这件事告诉了上帝,让上帝重重地责罚他。上帝同意了。这个犹太人一连打了几个球都是一杆进洞,这是他从来没有过的好成绩,他兴奋得在球场上欢呼雀跃。天使看到这一切更加生气了,又去找上帝:

这样的员工,马云爱

"你不是要好好地惩罚他吗？为什么他的球越打越好了？"上帝微笑："没错！这个人打出这么好的成绩，却不能和别人分享，他一定会很痛苦！你说这难道不是最好的惩罚吗？"天使听了上帝的话，终于恍然大悟。

真正的成功和快乐是要与人分享的，而在现实生活中，能与我们分享成功喜悦的，正是我们的家人。成功的路上无人相伴，压力大的时候无法纾解，取得成绩的时候无人分享，想要休息下的时候身后也没人可以依靠，失败也好，成功也好，没有人在乎，也没有人分享，这个过程是很让人难过的。

对家人的回报，可以是物质上的，给家人提供好的条件，让他们享受好的生活。当然，这个是要根据个人能力量力而为。家人最看重的，是你能实现梦想，能够快乐地生活。和他们分享你的成功喜悦，他们可能会比你更快乐。

附　录　**马云语录**

梦想与道路

- 我永远相信只要永不放弃,我们还是有机会的。

- 今天很残酷,明天更残酷,后天很美好,但绝大部分人死在明天晚上,看不到后天的太阳。

- 我不知道如何定义成功,但我知道什么是失败,那就是放弃!

- 对所有创业者来说,永远告诉自己一句话:从创业的第一天起,你每天要面对的是困难和失败,而不是成功。我最困难的时候还没有到,但有一天一定会到。困难是不能躲避,不能让别人替你去扛。九年创业的经验告诉我,任何困难都必须你自己去面对。创业者就是要面对困难。

- 人要有专注的东西,人一辈子走下去挑战会更多,你天天换,我就怕了你。

- 别人可以拷贝我的模式,不能拷贝我的苦难,不能拷贝我不断往前的激情。

- 人永远不要忘记自己第一天的梦想,你的梦想是世界上最伟大的事情。

- 任何一个失败的人是最容易找借口的,人类总是为失败找借口,不为成功找方向。

- 支招女人如何成功:不抱怨及懂得欣赏男人。

- 我认为那些成功的人永远不知道自己为什么成功,而那些只知道如何成功的人却永远不会成功!

- 在没人温暖你的时候,你要学会左手温暖你的右手。

- 有时候死扛下去总是会有机会的。

- 永远不要忘记自己第一天的梦想。

- 今天我还是这个梦想,唯一的区别是我向我的梦想前进了一步。

- 像坚持初恋一样坚持理想。

修养与品行

- 赚钱不是目标,而是一种结果。

- 今天阿里巴巴的员工我们要求诚信,学习能力,乐观精神,和拥抱变化的态度!

- 三年以前我送一个同事去读 MBA,我跟他说,如果毕业以后你忘了所学的东西,那你已经毕业了。如果你天天还想着所学的东西,那你就还没有毕业。学习 MBA 的知识,但要跳出 MBA 的局限。

- 上当不是别人太狡猾,而是自己太贪,是因为自己才会上当。

- 其实很多人的问题是因为他们回答的全是对的。

- 创业者书读得不多没关系,就怕不在社会上读书。

- 这个世界不是因为你能做什么,而是你该做什么。

- 如果你看了很多书，千万别告诉别人，告诉别人别人就会不断考你。

- 诚信绝对不是一种销售，更不是一种高深空洞的理念，它是实实在在的言出必行、点点滴滴的细节。

- 聪明是智慧者的天敌，傻瓜用嘴讲话，聪明的人用脑袋讲话，智慧的人用心讲话。

- 暴躁在某种程度上讲是因为有不安全感，或者是自己没有开放的心态。

- 永远把别人对你的批评记在心里，别人的表扬，就把它忘了。

- 性格和情商，主要还是由后天学习和塑造的。

- 创业路上需要激情、执著和谦虚，激情和执著是油门，谦虚是刹车，一个都不能缺少。

- 我认为，成功的人，一定要有敬畏。

- 做一份喜欢的工作就是很好的创业。

- 从每个人身上找到各种机会，不断学习，从而反过来影响别人。

战略与策略

- 看见 10 只兔子,你到底抓哪一只?有些人一会儿抓这个兔子,一会儿抓那个兔子,最后可能一只也抓不住。CEO 的主要任务不是寻找机会而是对机会说 No。机会太多,只能抓一个。我只能抓一只兔子,抓多了,什么都会丢掉。

- 我们花了两年的时间打地基,我们要盖什么样的楼,图纸没有公布过,但有些人已经在评论我们的房子怎么不好。有些公司的房子很好看,但地基不稳,一有大风就倒了。

- 你必须跑得像兔子一样快,又要像乌龟一样耐跑。

- 听说过捕龙虾富的,没听说过捕鲸富的。

- 我们不能企求于灵感。灵感说来就来,就像段誉的六脉神剑一样。

- 做战略最忌讳的是面面俱到,一定要记住重点突破,所有的资源在一点突破,才有可能赢。

- 战略不能落实到结果和目标上面,都是空话。

- 商业计划绝对不是一个销售计划,里面有无数细节,无数人才的运营。

- 战略有很多意义,小公司的战略简单一点,就是活着,活着最重要。

- 必须先去了解市场和客户的需求,然后再去找相关的技术解决方案,这样成功的可能性才会更大。

- 公关是个副产品,由于你解决了以后会逐渐传出去,这才是最好的公关。

- 碰到灾难第一个想到的是你的客户,第二想到你的员工,其他才是想对手。

- 永远记住每次成功都可能导致你的失败,每次失败好好接受教训,也许就会走向成功。

- 小公司的战略就是两个词:活下来,挣钱。

- 生存下来的第一个想法是做好,而不是做大。

- 很多人失败的原因不是钱太少,而是钱太多。

- 要找风险投资的时候,必须跟风险投资共担风险,你拿到的可能性会更大。

- 钱是社会资源,要更有效率利用。

- 一个公司在两种情况下最容易犯错误,第一是有太多的钱的时候,第二是面对太多的机会,一个 CEO 看到的不应该是机会,因为机会无处不在,一个 CEO 更应该看到灾难,并把灾难扼杀在摇篮里。

创业与营销

- 创业者是疯疯癫癫的多一点。

- 我为什么能活下来？第一是由于我没有钱,第二是我对 internet 一点不懂,第三是我想的像傻瓜一样。

- 生意人:创造钱;商人:有所为,有所不为;企业家:为社会承担责任。企业家应该为社会创造环境。企业家必须要有创新的精神。

- 上世纪 80 年代挣钱靠勇气,90 年代靠关系,现在必须靠知识能力!

- 五年以后还想创业,你再创业。

- 网络公司将来要判断三个:第一,它的 team;第二,它有 technology;第三,它的 concept,才是存在的必要。

- 最优秀的模式往往是最简单的东西。

- 要少开店、开好店,店不在于多,而在于精。
- 创业者光有激情和创新是不够的,它需要很好的体系、制度、团队以及良好的盈利模式。
- 记住,关系特别不可靠,做生意不能凭关系,做生意也不能凭小聪明。
- 小企业有大的胸怀,大企业要讲细节的东西。
- 一个好的东西往往是说不清楚的,说得清楚的往往不是好东西。
- 一个成功的创业者,三个因素,眼光、胸怀和实力。
- 所有的创业者应该多花点时间,去学习别人是怎么失败的。
- 要去学习人家失败的经验,成功有许多种,可失败就那几点。
- 绝大部分创业者从微观推向宏观,通过发现一部分人的需求,然后向一群人推广起来。
- 这个世界没有人能替你发财,只有你自己才能替你发财,你需要的是投资和投入,把自己的时间投资在网络上面,网络一定会给大家省钱,但不一定今天就能赚多少钱,赚钱是明天的事,省钱,你今天就看得到。
- 电子商务最大的受益者应该是商人,我们该赚钱因为我们提供工具,但让我们做工具的人发了大财,而使用工具的人还糊里糊涂,这是不正常的。所谓新经济,就是传统企业利用好网络这个工具,去创造出更大的经济效益,使其成几十倍地增长,这才是真的新经济的到来。今天新旧经济是两张皮。

- 最核心的问题是根据市场去制定你的产品,关键是要倾听客户的声音。

- "营销"这两个字强调既要追求结果,也要注重过程,既要"销",更要"营"。

- 服务是全世界最贵的产品。

行动与竞争

- 一个一流的创意、三流的执行,我宁可喜欢一个一流的执行、三流的创意。

- 这世界上没有优秀的理念,只有脚踏实地的结果。

- 有时候死扛下去总是会有机会的。

- 什么都想自己干,这个世界你是干不完的。

- 有结果未必是成功,但是没有结果一定是失败。

- 什么是伟大的事? 伟大的事就是无数次平凡、重复、单调、枯燥地做同一件事,就会做成伟大的事。

- 在前一百米的冲刺中,谁都不是对手,是因为跑的是三千米的长跑。你跑着跑着,跑了四五百米后才能拉开距离。

- 我们与竞争对手最大的区别就是我们知道他们要做什么,而他们不知道我们想做什么。我们想做什么,没有必要让所有人知道。

　这样的员工,马云爱

- 发令枪一响,你是没时间看你的对手是怎么跑的。只有明天是我们的竞争对手。

- 永远要相信边上的人比你聪明。

- 在今天的商场上已经没有秘密了,秘密不是你的核心竞争力。

- 不要贪多,做精做透很重要,碰到一个强大的对手或者榜样的时候,你应该做的不是去挑战它,而是去弥补它。

- 关注对手是战略中很重要的一部分,但这并不意味着你会赢。

- 不管你拥有多少资源,永远把对手想得强大一点。

- 80年代的人不要跟70年代、跟60年代的人竞争,而是要跟未来,跟90年代的人竞争,这样你才有赢的可能性。

- 永远要把对手想得非常强大,哪怕非常弱小,你也要把他想得非常强大。

- 竞争者是你的磨刀石,把你越磨越快,越磨越亮。

- 如果早起的那只鸟没有吃到虫子,那就会被别的鸟吃掉。

管理与用人

- 我认为,员工第一,客户第二。没有他们,就没有这个网站。也只有他们开心了,我们的客户才会开心。而客户们那些鼓励的言语、鼓励的话,又会让他们像发疯一样去工作,这也使得我们的网站不断地发展。

- 多花点时间在你的员工身上。

- 什么是团队呢?团队就是不要让另外一个人失败,不要让团队任何一个人失败。

- 领导力在顺境的时候,每个人都能出来,只有在逆境的时候才是真正的领导力。

- 权威是你把权给别人的时候,你才能有真正的权利,你懂得倾听、懂得尊重、承担责任的时候,别人一定会听你,你才会有权威。

- 发不出工资是领导者的耻辱。

- 作为一个领导人,应该控制自己的情绪,很多时候发脾气是无能的表现,合理的情绪控制对于团队的和谐、稳定军心有大作用。

- 每个人都有发言的自由,但是不能把自由变成一种"暴力",到处打,机枪架起来打。何必呢?

- 管理一家公司是靠智慧、胸怀和眼光。

- 我们公司是每半年一次评估,评下来,虽然你的工作很努力,也很出色,但你就是最后一个,非常对不起,你就得离开。在两个人和两百人之间,我只能选择对两个人残酷。

- 天不怕,地不怕,就怕 CFO 当 CEO。

- 我自己不愿意聘用一个经常在竞争者之间跳跃的人。

- 有时候学历很高不一定把自己沉得下来做事情。

- 创业时期千万不要找明星团队,千万不要找已经成功过的人。创业要找最适合的人,不要找最好的人。

- 最大的挑战和突破在于用人,而用人最大的突破在于信任人。

- 80 年代的人还需要摔打,不管做任何事,要检查主观原因。

- 不想当将军的士兵不是好士兵,但是一个当不好士兵的将军一定不是好将军。

- 成立公司,组织的目的是让平凡的人做出不平凡的贡献。

- 不要把有缺点、缺陷的人,从一个极端弄到另一个极端,又弄成魔鬼。

- 把你太太当合作伙伴,不要把她当太太看。

心态与价值观

• 如何把每一个人的才华真正地发挥作用,我们这就像拉车,如果有的人往这儿拉,有的人往那儿拉,互相之间自己给自己先乱掉了。引用我朋友陈帅佛的话说,当你有 1 个傻瓜时,很傻的,你会很痛苦;你有 50 个傻瓜是最幸福的,吃饭、睡觉、上厕所,排着队去的;你有 1 个聪明人时很带劲,你有 50 个聪明人实际上是最痛苦的,谁都不服谁。我在公司里的作用就像水泥,把许多优秀的人才粘合起来,使他们力气往一个地方使。

• 不要让你的同事为你干活,而让我们的同事为我们的目标干活,共同努力,团结在一个共同的目标下面,就要比团结在你一个企业家底下容易得多。所以首先要说服大家认同共同的理想,而不是让大家来为你干活。

• 任何一个创业者,永远要把自己的笑脸露出来。

- 短暂的激情是不值钱的,只有持久的激情才是赚钱的。

- Judge 一个人、一个公司是不是优秀,不要看他是不是 Harvard,是不是 Stanford。不要 judge 里面有多少名牌大学毕业生,而要 judge 这帮人干活是不是发疯一样干,看他每天下班是不是笑眯眯回家。

- 企业家是在现在的环境,改善这个环境,光投诉、光抱怨有什么用呢? 国家现在要处理的事情太多了,失败只能怪你自己,要么大家都失败,现在有人成功了,而你失败了,就只能怪自己。就是一句话,哪怕你运气不好,也是你不对。

- 此时此刻,舍我其谁?

- 男人的长相往往和他的才华成反比。

- 建立自我,追求忘我。

- 可能一个人说你不服气,两个人说你不服气,很多人在说的时候,你要反省,一定是自己出了一些问题。

- 聪明是智慧者的天敌,傻瓜用嘴讲话,聪明的人用脑袋讲话,智慧的人用心讲话。所以永远记住,不要把自己当成最聪明的,最聪明的人相信总有别人比自己更聪明。

- 没有失败者,只有幸运者。

- 做回自己才能给自己、给别人更好更多的交代。

- 如果马云能成功,80%的人都能成功。

图书在版编目（CIP）数据

这样的员工,马云爱 / 李振文著 . —杭州:浙江
大学出版社，2014.2
ISBN 978-7-308-12771-4

Ⅰ.①这… Ⅱ.①李… Ⅲ.①企业－职工－修养
Ⅳ.①F272.92

中国版本图书馆 CIP 数据核字（2014）第 002455 号

这样的员工,马云爱

李振文 著

责任编辑	曲　静	
出版发行	浙江大学出版社	
	（杭州市天目山路 148 号　邮政编码 310007）	
	（网址:http://www.zjupress.com）	
排　　版	杭州中大图文设计有限公司	
印　　刷	杭州钱江彩色印务有限公司	
开　　本	880mm×1230mm　1/32	
印　　张	6.375	
字　　数	126 千	
版 印 次	2014 年 2 月第 1 版　2014 年 2 月第 1 次印刷	
书　　号	ISBN 978-7-308-12771-4	
定　　价	30.00 元	